领导指导工作

专家讲解栽种技术

师生栽种蔬菜

移栽蔬菜

蔬菜管理

蔬菜收获

家庭蔬菜栽培技术

肖安庆 著

东北师范大学出版社

长春

图书在版编目（CIP）数据

家庭蔬菜栽培技术 / 肖安庆著. — 长春：东北师
范大学出版社，2018.2
　ISBN 978-7-5681-4219-9

　Ⅰ.①家… Ⅱ.①肖… Ⅲ.①蔬菜园艺-高中-教材
Ⅳ.①G634.981

中国版本图书馆CIP数据核字（2018）第038387号

□策划创意：刘　鹏
□责任编辑：王　静　石纯生　　□封面设计：姜　龙
□责任校对：刘彦妮　张小娅　　□责任印制：张允豪

东北师范大学出版社出版发行
长春净月经济开发区金宝街 118 号（邮政编码：130117）
电话：0431-84568033
网址：http：//www.nenup.com
北京言之凿文化发展有限公司设计部制版
廊坊市金朗印刷有限公司
廊坊市广阳区廊万路 18 号（邮编：065000）
2019年4月第1版　2019年4月第1次印刷
幅面尺寸：170mm×240mm　印张：10.25　字数：185千

定价：36.00元

序 言

PREFACE

　　我校根据新课程改革的要求，因地制宜地建设了独具特色的学校劳动实践基地（场所），并在教育教学中发挥了积极的作用。为了进一步提高劳动实践基地（场所）使用的实效性，让新课程全面实施，培养学生吃苦耐劳的精神和掌握一定的劳动技能，根据新一轮课程改革的精神，结合我校实际，编写了这本劳动实践教材——《家庭蔬菜栽培技术》。

　　教材共分两篇，20个主题活动，共17课时，编入了内容丰富、形式多样的劳动实践教育活动，适合高中学生使用。

　　这本教材以"育人为主，创新为辅"，把劳动场所作为载体，让教育与生产劳动结合起来，充分培养学生的主体意识和吃苦耐劳的精神，引导他们通过观察、动手、动脑，通过真切地感受和心理体验，对世界、对生命、对生活的认识理解进一步提升，让学生形成乐观的生活态度和美好的生活体验，形成健康的个性品格，激发他们的潜能，提高他们的积极性。

　　在教材实施过程中，我们积极组织学生参加实践活动。在教材编写过程中，我们翻阅了大量资料，得到了教育办领导、学生家长的支持，同时学校全体教师参与了教材的编写、审阅及修订工作，对他们所付出的努力一并表示感谢！

　　由于编写匆忙及水平限制，本教材难免有缺陷及疏漏之处，真诚希望各位领导及同仁提出宝贵意见和建议，以便修改或重编时能更加严谨、充实！

肖安庆

深圳市盐田高级中学　海燕科技创新社

2017年2月1日

目录

CONTENTS

上篇　概　论

下篇　家庭蔬菜栽培技术

上 篇

概 论

课程内容及教学要求	活动设计
1. 会安排蔬菜茬口 （1）能了解不同蔬菜种类和品种特性； （2）能根据品科特性和生产要求选择栽培方式； （3）能了解不同蔬菜种类的播种、定植、收获时间； （4）会合理安排蔬菜茬口 2. 会栽前准备及定植 （1）能根据不同蔬菜种类要求进行园地准备； （2）能根据生产设计进行定植	1. 蔬菜茬口安排 在调查本地区主要蔬菜种类和品种特性的基础上，根据栽培方式、采收期等要求进行蔬菜茬口搭配，制订几种蔬菜作物茬口安排计划。 2. 栽前准备及定植 以某一蔬菜作物（如黄瓜）为例： （1）写出其整个生产过程中需要准备的工具、材料； （2）分组、分别进行土壤处理、整地作畦，并将作畦质量进行评比； （3）分组进行株行距配置并定植

第一章　种菜空间

现在就从最基础的给大家讲起，从种菜场所的选择环节给大家一一剖析。

一、阳　台

阳台适合种什么菜，要根据阳台本身的朝向、空间大小及阳台的环境条件来决定，同时再辅以个人的喜好。每一种蔬菜都有特定的环境要求。例如，朝阳的阳台，光照比较充足，只要空间足够大，一年四季都可以播种喜温的瓜果类；而喜温凉的叶菜类以春、秋、冬三季播种为宜，如香菜、香葱、韭菜、小白菜等；炎热的夏季会限制一些蔬菜的栽培，不过还可以栽种一些空心菜、木耳菜、苋菜等耐热性强的蔬菜。

阳台（1）

阳台（2）

二、窗台

窗台一般都被大家忽略掉了，殊不知，窗台也是不错的种菜场所，可以栽种一些生菜、小白菜、小萝卜、细香葱等矮小的蔬菜。这样不但不影响光线，还可以形成一道靓丽的风景线。

窗台（1）

窗台（2）

三、客 厅

在客厅种菜就要有所讲究了，最好种植一些耐阴的，生长周期短的绿叶蔬菜，这个以芽苗菜系为主，如豌豆、芽苗菜、松柳苗、萝卜芽等。芽苗菜栽种方法及操作图解。

客 厅

四、天 台

长期以来，天台都是顶楼居民的特权，因为阳光充足，可以种植的蔬菜种类很多，足已开辟真正意义上的小菜园或家庭菜场。天台上面设置遮阳网，可以参考下图做一些简易无土栽培。

天　台

五、庭　院

庭院种菜，大家并不陌生，我想很多人的老家都在农村，老一辈人的种菜经验足以支撑起我们的知识殿堂。房前屋后如果有空地，千万不要让其荒废，可以开垦成小菜园，既美化环境又可以吃到新鲜的"放心菜"。庭院种菜讲求"高矮有度，疏密有间"不可遮挡室内光线，同时又能最大限度地采收成朵。

庭院（1）

5

庭院（2）

第二章 常用工具选择

家庭种菜因播种、育苗、间苗、移栽等管理的需要，要储备一些简单的工具。主要有以下几种：

（1）水桶或小水箱：用于存水或取水。

（2）细孔喷水壶：月于蔬菜播种、浇水或生产芽苗菜。

（3）起苗铲：用于移栽小苗。

（4）小苗耙：用于松土或锄草。

几乎任何类型的容器都可用来种菜，只要它足够坚固、能提供足够的空间和排水通道。除了传统的花盆、花槽等专业容器外，许多生活中的器物经过改装都可利用，如塑料盆、提桶、花箱、花槽、木箱、铝皮箱、镀锌铁皮箱、塑料盒、坛子、食品罐，甚至浴盆、轮胎、麻袋、烧烤盘等都可加以利用。但无论选用什么容器，都要保证底部有排水孔。盆、桶、箱、坛子、篮子、壶等生活器物都可用来种块茎蔬菜，如土豆可以在袋子中栽种，葱、韭菜、蒜苗等可在烤盘中栽种，轮胎、麻袋等也是栽种蔬菜的好容器。

一、排水孔

无论选用何种容器栽种蔬菜，都必须保证底部有排水孔，保证排水通畅。容器的排水十分关键。排水不良，植物根系窒息腐烂；排水过快，又会使植物缺水而枯死。市场上购买的花盆、花槽等专业容器，底部都有排水孔。用生活器物改装的容器，就要自己钻几个排水孔，一般可在底部周围均衡地钻几个直径0.5～1 cm的排水孔。

为避免浇水时泥土流失，可进行"垫盆"，即用碎的花盆片、瓦片或窗纱覆盖住排水孔。为促进排水，可在垫盆物之上放一些粗沙砾或小石子，保持排水通畅。栽种黄瓜、菜豆等蔓生植物时，可以给花盆安个"笼子"做支撑。

二、材 质

一般而言，陶制和木制容器比塑料容器排水快，需要多浇水。塑料容器不要放在窗边，因为塑料器皿重量轻，易被风吹倒。不要用经过高压处理的木制容器，高压处理过程中加入了化学防腐剂，虽然这一方式使得经处理的木材能够在很长一段时间内得以免遭白蚁、腐朽及其他有害因素的侵袭，但木材本身也含有有毒物质，会毒害植物。如果自制木制容器，最好使用抗腐蚀木材，如松木、杉木等。

三、颜 色

容器慎用黑色，因为黑色吸热，有可能损害植物根系。如果选择了黑色容器，最好涂上一层颜色较浅的漆，或者仅把容器遮蔽起来，以免阳光直射。

四、尺 寸

容器的大小很重要。种菜的选择宁大勿小，大点的容器不仅有充裕的地方放肥料，而且蓄水量也大，夏季不会很快干涸。西红柿、辣椒、菜豆等需要较大的容器，一般15～20 L左右的容器足够用。

第三章 栽培容器

家庭种菜的容器种类很多，除了常见的各类花盆之外，像育苗盘、泡沫箱、塑料盆、木箱、塑料瓶等都可以拿来种菜。选择什么样的容器，要根据种菜空间大小、所选蔬菜品种而定。选择栽培容器时要遵循以下几个条件：一是结构要足够稳定；二是满足植物根系的扩展需求，保留足够的生长空间，如土层深度，地上株向上发展的空间；三是有排水孔，利于排水，不积水，保护好植株根系良好的呼吸。常用的方法是选择有隔水层或排水层的花盆，或在容器底部放些碎花盆片、瓦片、陶粒或小石子等覆盖排水孔。

种菜容器

立体组合种植箱：

（1）可大可小，可高可矮，如搭积木般创造家庭菜园。

（2）立体的种植空间，即使小阳台也能拥有大菜园。

（3）2.5 cm的保水层，四周的微网孔设计，保水，保肥，土壤不流失。

（4）环保新材料，添加抗氧化剂和紫外线吸收剂，在风吹日晒下也能长时间使用，从而降低使用成本。

立体组合种植箱

第四章　土壤及肥料选择及配置

栽培用土要求疏松透气、土壤肥沃、排水良好。家庭栽培空间有限，需要的土壤更为严格，第一，要富含肥力，疏松肥沃，排水良好；第二，不携带或少携带病菌及虫卵；第三，可以反复使用；第四，具有良好的透气性、透水性，能保湿保肥，干燥时不龟裂，潮湿不黏结。我们可以选择专业培养土或直接自己配制营养土。培养土分类如下：

一、草炭土

是由泥炭藓炭化而成。由于形成的阶段不同，分为褐泥炭和黑泥炭两种，褐泥炭含有丰富的有机质，呈酸性；黑泥炭含有较多的矿物质，有机质较少，呈微酸性或中性。

二、砻糠灰

由稻谷壳燃烧后而成的灰，略偏碱性，含钾元素，排水透气性好。

三、沙　土

多取自河滩。排水性能好，但无肥力，多用于掺入其他培养材料中，以利排水。

四、园　土

取自菜园、果园等地表层的土壤。含有一定的腐殖质，并有较好的物理性，常作为多数培养土的基本材料。

五、腐叶土

由落叶、枯草等堆制而成。腐殖质含量高，保水性强，通透性好，是配制培养土的主要材料之一。腐叶土又称"腐殖土"，是植物枝叶在土壤中经过微生物分解发酵后形成的"营养土"。

优点显示：

（1）质轻疏松，透水通气性能好，且保水保肥能力强。

（2）多孔隙，长期施用不板结，易被植物吸收。与其他土壤混用，能改良土壤，提高土壤肥力。

（3）富含有机质、腐殖酸和少量维生素、生长素、微量元素等，能促进植物的生长发育。

（4）分解发酵中的高温能杀死其中的病菌、虫卵和杂草种子等，减少病虫、杂草危害。

腐叶土类似于泥炭，但杂质偏多，含土壤多的可以直接种植，含土壤少的可以混合一些黄土后种植。

六、山 泥

分黑山泥和黄山泥两种。由山间树木落叶长期堆积而成。黑山泥呈酸性，含腐殖质较多；黄山泥亦成酸性，含腐殖质较少。

七、厩肥土

由动物粪便、落叶等掺入园土、污水堆积沤制而成，具有较丰富的肥力。

八、蛭 石

是一种天然、无毒的矿物质，在高温作用下会膨胀的矿物。它是一种比较少见的矿物，属于硅酸盐。

九、珍珠岩

是一种火山喷发的酸性熔岩，经急剧冷却而成的玻璃质岩石，因其具有珍珠裂隙结构而得名。

十、塘泥海泥

取自河塘或者海中的淤泥，其含有的矿物质主要取决于其周边的环境，如塘泥形成时所含的有机物质和氮、磷、钾三大元素，中量元素以及微量元素。同时池塘周围是否有化工厂，是否有排放的重金属等。

十一、陶 粒

陶粒，顾名思义，就是陶质的颗粒。陶粒可以由很多原料构成，主要特点是质量轻，透气性好。

十二、椰 糠

加工椰丝过程中，脱落出来的椰糠放在露天的地方，经过日晒和雨淋等处理后，降低其含盐度和传导性，椰糠非常适合培植植物。

培养土配制方法：

（1）直接云挖一些腐叶土，只要是松软透气，有一定有机肥力。

（2）用草炭和黄土按1：2～1：3的比例混合使用，黄土可以敲碎，覆盖一层薄膜，进行暴晒处理。

（3）买市场上混合好的培养土。这种土一般添加了更多的有机成分，含肥力比草炭高，这种土也可以和黄土按1：2左右的比例混合使用。

肥料是保证蔬菜良好生长的主要条件。肥料可以选择消毒鸡粪肥、蘑菇肥及一些复合肥料。管理过程中尽量少使用化肥，以免造成土壤板结，单一盐分过剩等。

肥 料

之所以提倡大家使用有机肥，主要是有机肥的作用很大：

（1）提供全面的营养元素。

（2）利于微生物活动，改善土壤结构，增强透气性及透水性。

（3）提高土壤的缓冲能力，改善土壤的酸碱度。

（4）防止土壤板结。

（5）利于培育有机蔬菜及无公害蔬菜。

第五章 种子处理及催芽

蔬菜种子的大小、形状各有不同，发芽时间也有差异，为了提高种子发芽率，避免病虫害等的发生，有时，在播种前要对种子进行必要的处理。家庭最常用的是温汤浸种法，以达到软化种皮，提高发芽率，同时起到杀菌消毒的作用。

蔬菜种子根据籽粒的大小和种皮的薄厚而选择不同的处理方式，像生菜、菜心、小白菜等可以直接播种，而瓜类及茄果类蔬菜则需要进行温汤浸种，具体做法是：将种子放在55 ℃的温水中浸泡，保持水温15～20分钟，并不断搅拌，然后将水温降至28～30 ℃，继续浸泡3～4小时。

处理后的种子，最好在催芽1～2天，待有半数种子露白，即可播种。催芽时，可用纱布包好种子，放在28～30 ℃的环境条件下保湿。

催 芽

第六章　育苗及移栽

并不是所有种子都要进行育苗，像小白菜、生菜、菜心等可以直接播种，而瓜类及茄果类蔬菜最好先进行育苗，再移栽，这样有利于培育壮苗。

一、消毒

种子常常带有细菌，为减少苗期病害，保证菜苗苗壮成长，让自己和家人吃到健康的蔬菜，也避免自己的劳动半途而废，播种前最好对种子进行简单的消毒处理。一般从市面买回的种子，用温水浸泡法就足够了。将种子放在60 ℃的热水中浸泡10～15分钟，然后将水温降至30 ℃，继续浸泡3～4小时，取出晾干就可以了。对于表面不洁、放置时间很长或已被污染的种子，可采用纯天然营养液浸泡法。建议采用HB-101营养液。

二、催芽

种子是否需要催芽需视情况而定。番茄、辣椒、茄子、黄瓜等果菜类蔬菜种子发芽较慢，可进行催芽。催芽前必须浸泡种子，但浸种时间不宜过长。经试验，黄瓜用1～2小时，辣椒、茄子、番茄用3～4小时浸种较合适（包括种子消毒处理时的浸水时间）。育苗盘底垫几层纱布、滤纸或吸水的纸巾，用清水浸湿，把浸泡过的种子控去水，放在育苗盘中，置于28～30 ℃的环境中1～5天，直至种子发芽露白，即可播种。催芽期间，如种子干燥，可加水到育苗盘中，以保持浸润纱布等铺垫物，保持种子湿润为宜。

三、播种

直接播种的，直接将种子播种到大小适当的栽植容器中即可。需要移植的，先选用大小适中的塑料盘、玻璃盘等容器作为"育苗盘"。容器中放入pH值适中的培养土（在园艺店或农艺市场就能买得到），将菜种撒播到容器中，然后覆盖0.5~1 cm深的土。切记种子种得太深否则不会发芽。

适宜的温度、充足的水分和氧气是种子萌发的三要素。要将容器放在较温暖、通风良好的地方，并适当浇水（对于大多数菜种而言，每天浇一次水为适量）。

播种前最好月50%漂白水或其他消毒液对播种盘进行消毒，以减少污染种子的概率。

四、移 栽

秧苗生长到一定大小，必须及时移到其他容器栽植。如番茄、茄子等，一般有4~5片真叶时，瓜类不超过2~3片真叶，甘蓝类、白菜类在4~6片真叶时移植。

移植时，注意不要损伤秧苗幼嫩的根系。可在掘取菜苗前给土壤或基质充分浇水，使根部多带土壤或基质，不仅能减小对根部损伤，而且能增加吸水力，移栽后成活快。一般叶菜类栽植深度以不使最低的叶片埋没，否则易引起腐烂。

瓜果类蔬菜移栽时要注意以下几点：

（1）植株需生长到定植期，生长周期以25~30天为准，生理周期则各有不同，黄瓜长到3~4片真叶可以移栽，而番茄则需要8~9片真叶时再移栽。

（2）尽可能地保护好根系不受损坏。

（3）移栽时，要浇足定植水，同时有条件地做好底肥，以有机肥为主，同时缓苗期要进行适当地遮阳处理。

蔬菜一般有两种种植方式：一是直接播种，如豆类、根菜类的萝卜等；二是先育苗，再移栽，如茄子、番茄、黄瓜、花椰菜等根系发达、毛细根多的蔬菜。育苗移栽时，常用的种菜器具是育苗盘，先将种子播种在育苗盘里，等植株长到一定程度即可移栽到大的花盆里进行栽培。移栽后，缓苗前还要注意遮阴及土壤保湿。

阳台种什么菜，一方面要根据个人爱好和需要而定，另一方面要考虑自家阳台的环境条件适合种植哪些蔬菜。一般来说，如果空间允许，大多数蔬菜瓜果都可在阳台上栽种。所谓阳台的环境条件，最主要的就是阳台朝向和阳台封闭情况。朝向决定着阳台的光照条件，而阳台封闭情况则决定了阳台的温度条件。全封闭阳台冬季温度也较高，所受温度限制较小，可选择的蔬菜范围也比较广，基本一年四季都可栽种蔬菜。半封闭或未封闭阳台由于冬季温度较低，一般不易在冬天栽种蔬菜，而夏天太阳直射导致温度过高，也要注意遮光保护蔬菜。

朝南阳台为全日照阳光充足、通风良好,是最理想的种菜阳台。几乎所有蔬菜都是在全日照条件下生长最好,因此,一般蔬菜一年四季均可在朝南的阳台上种植,如黄瓜、舌瓜、番茄、菜豆、金针菜、番杏、芥菜、西葫芦、青椒、莴苣、韭菜等。此外,莲藕、荸荠、菱角等水生蔬菜也适宜在朝南的阳台种植。冬季朝南阳台大部分地方都能受到阳光直射,再搭起简易保温设备,也可以给冬季种植蔬菜创造一个良好的环境。

朝东、朝西阳台为半日照,适宜种植喜光耐阴蔬菜,如洋葱、油麦菜、小油菜、韭菜、丝瓜、香菜、萝卜等。但朝西阳台夏季西晒时温度较高,使其些蔬菜产生日烧,轻者落叶,重者死亡,因此,最好在阳台角隅栽植蔓性耐高温的蔬菜。在夏季,对后面楼层反射过来的强光及辐射光也要设法防御。

朝北阳台全天几乎没有日照,蔬菜的选择范围最小。应选择耐阴的蔬菜种植,如莴苣、韭菜、芦笋、香椿、蒲公英、空心菜、木耳菜等。在夏季,对后面楼层反射过来的强光及辐射光也要设法防御。

家庭常用蔬菜栽培信息如下表所示。

家庭常种蔬菜栽培信息

蔬 菜	发芽时间(天)	最适移苗期(周)	容器大小	光照量*	收获时间(天)
菜 豆	5~8	–	中等	全日照	45~65
黄 瓜	5~8	3~4	大	全日照	50~70
茄 子	8~12	6~8	大	全日照	90~120
油麦菜	6~8	3~4	中	半日照	45~60
洋 葱	6~8	6~8	小	半日照	80~100
青 椒	10~14	6~8	大	全日照	90~120
萝 卜	4~6	–	小	半日照	20~60
南 瓜	5~7	3~4	大	全日照	50~70
西红柿	7~10	5~6	大	全日照	90~130
韭 菜	9~12	6~8	中	半日照	90~120
香 菜	5~7	3~4	小	半日照	40~50
小油菜	4~6	3~4	中	半日照	40~50

所有蔬菜均在全日照下生长最好，"半日照"表示该蔬菜在半日照情况也能生长良好。

周期短的速生蔬菜：小油菜、青蒜、芽苗菜、芥菜、青江菜、油麦菜等。

收获期长的蔬菜：番茄、辣椒、韭菜、芫荽、香菜、葱等。

节省空间的蔬菜：胡萝卜、萝卜、莴苣、葱、姜、香菜等。

易于栽种的蔬菜：苦瓜、胡萝卜、姜、葱、生菜、小白菜等。

不易生虫子的蔬菜：葱、韭菜、番薯叶、人参草、芦荟、角菜等。

第七章　常见病虫害的诊断与防治

容器中栽植的蔬菜与大地栽培的蔬菜一样，也可能遭受各种病害和虫害的攻击，应注意观察蔬菜的叶、茎等器官是否生长良好以及是否出现害虫。一旦发现问题，首先要区别是否是水分、光照、温度等环境条件问题或基质肥力问题。排除这些因素后，再确定是病害还是虫害。

容器种菜常见问题及其防治措施如下表所示。

容器种菜常见问题及其防治措施

症状	病因	措施
植株徒长，细长，不结果	光照不足	将容器搬到光照充足的地方
	氮素过量	降低营养液中的养分含量
植株从底部开始发黄，缺乏活力，颜色黯淡	浇水过多	减少浇水次数，检查容器排水是否良好
	肥力不足	增加营养液中的养分含量
尽管浇水充分，植株仍然萎蔫	排水和通风不良	增加容器的排水孔，提高栽培基质中的有机物含量
菜叶焦边	基质含盐量高	定期用自来水清洗容器
植株生长缓慢，抵亢力弱，略显紫色	低温	将容器放到较暖和的地方
	低磷酸盐	增加营养液中的磷酸盐含量
叶子扭曲或有缺刻	虫害	喷洒环保的杀虫剂
叶上有黄斑、枯斑、粉斑或锈斑	病害	除掉患病部位，喷洒环保的杀菌剂

蔬菜病虫的诊断方法可通过各时期害虫的形态特征来鉴别，或通过害虫残、遗留物进行诊断。害虫的残、遗留物如卵壳、蛹壳、脱皮、虫体残毛及死虫尸体等以及害虫的排泄物如粪便、蜜露物质、丝网、泡沫状物质等。

（1）叶片被食，形成缺口

多为咀嚼式口器的鳞翅目幼虫和鞘翅目害虫所吃。

（2）叶片上有线状条纹或灰白、灰黄色斑点

此症状多是由刺吸式口器害虫，如叶蝇或椿象等害虫所害。

（3）菜苗被咬断或切断

多为蟋蟀或叶蛾等所为。

（4）分泌蜜露发煤病

此类害虫通过产生蜜露状排泄物覆于蔬菜表面造成黑色斑点，常以吸汁排液性的害虫为主，如各种蚜虫。

（5）心叶缩小并变厚

甜椒和辣椒上多出现此类症状，这与螨类害虫有关。

（6）蔬菜体内被危害

这种害虫一般进入蔬菜的体内，从外部很难看到它们，若发现菜株上或周围有新鲜的害虫粪便且菜株上有新鲜的虫口，则可判断害虫在菜体内危害，有时虽然有粪便和虫口，但粪便和虫口已经干涸，则表明害虫已经转移到其他地方。此类害虫多为蛾类害虫和幼虫。

（7）菜苗上部枯萎死亡

这表明蔬菜根部受到损害，此多为地下害虫所为，如蝼蛄、根螨、根线虫等。

（8）块状果实被蛀食和腐烂

如马铃薯、洋葱、蒜等的地下块根在生长和储藏中腐烂或被蛀食，此类多为鼻虫、根螨等居多。

根据以上特征来判定害虫并采取相应的防治措施，首先要排除其他因素的影响，如肥料或水分过多造成蔬菜苗上部萎蔫死亡等。

一、病毒病

病毒病又叫孤丁病。可危害萝卜、大白菜、白菜、甘蓝等多种十字花科作物。国内各地普遍发生，危害严重。

（1）病状

各生育期均可发病。发病初，心叶出现叶脉色淡而呈半透明的明脉状，随即沿叶脉褪绿，成为淡绿与浓绿相间的花叶。叶片皱缩不平，有时叶脉上产生褐色的斑点或条斑。后期叶片变得硬而脆，渐变黄。严重时，病株矮化，停止生长。根系不发达，切面呈黄褐色。种株发病，花梗畸形，花叶、种荚瘦小，结籽少。

（2）发病条件

该病为病毒病害，曰多种病毒侵染引起。病毒有多种越冬方式。有的在种子、多年生杂草、病株残体上越冬；有的在种株上越冬；有的在保护地内越冬。翌年通过蚜虫、接触等传播。高温、干旱有利于蚜虫的发生，也有利于病毒病的发生流行。在重茬、邻作有发病作物、肥料不足、生长不育等情况下发病严重。菜心6~7叶以前的幼苗期易染病，莲座期以后感病减少。不同的品种抗病性亦有显著差异。

（3）防治方法

① 抗病品种：国内各育种单位培育出的杂交种多数较抗病。

② 严格挑选无病种株，这样可减少翌年的病毒源，并减少种子带毒。

③ 合理安排茬口十字花科蔬菜，应避免连作或邻作，以减少传毒源。

④ 秋播适时晚播，秋冬栽培应适时晚播。使苗期躲避高温、干旱的季节，待不宜发病的冷凉季节播种，可减轻病害的发生。

⑤ 苗期是病毒病易感病时期，应及时喷药防治，避免蚜虫传播。

⑥ 管理深耕细作，消灭杂草，减少传染源。增施有机肥，配合磷、钾肥，促进植株健壮生长，提高抗病力。加强水分管理，避免干旱现象。及时拔除弱苗、病苗。

⑦ 及时防治蚜虫详见虫害部分。

⑧ 药剂防治发病前可用下列药剂：高脂膜的200~500倍液；83增抗剂原液的10倍液；病毒宁500倍液；20%病毒净400~600倍液；抗毒剂1号300~400倍液，上述药之一，在苗期每7~10天喷洒一次，连喷3~4次。

二、霜霉病

霜霉病也称"烘病""跑马干"等。主要危害大白菜、白菜、甘蓝、萝卜等十字花科蔬菜。国内各地普遍发生，危害十分严重。

（1）症状

主要危害叶片，其次是茎、花梗、种荚。发病先从外叶开始，叶正面出现淡绿色至淡黄色的小斑点。扩大后呈黄褐色，由于受叶脉限制而成多角形斑。潮湿时，病斑背面产生白霉。严重时，外叶大量枯死。种株发病，茎、花梗、花器、种荚上都长出白霉，畸形。种荚淡黄色，出现黑褐色长圆条斑，细小弯曲，结实少。

（2）发病条件

该病是真菌病害。病菌随病株残体在土壤中越冬，也可在母株上越冬。翌年借风、雨传播侵染。在16～20 ℃时发病迅速，多雨、多露、日照不足时流行严重。此外，连作、重茬、低洼地、通风不良、密度过大、营养不良、生长衰弱时，发病严重。病毒病发生严重时，霜霉病发生也严重。不同的品种抗病性也有差异。

（3）防治方法

① 品种选用抗病的品种。多数杂交一代均有一定的抗病性。

② 种子消毒播种前，用种子重量的0.3%的50%福美双，或25%瑞毒霉，或75%百菌清拌种，消灭种子表面的病菌。

③ 合理轮作，适期播种与十字花科作物隔年轮作，邻作也忌十字花科作物，减少传染源。秋冬栽培的播种期适当推迟，避开高温、多雨季节。

④ 管理苗期及时除去病苗和弱苗；收获后及时清洁田园，深翻土壤，减少病源。施足有机肥，增施磷、钾肥；生长期及时浇水，施足追肥，保证植株健壮生长，增强抗病力。

⑤ 药剂防治发病初期可用：40%乙磷铝300倍液；25%瑞毒霉800倍液；64%杀毒矾M8的500倍液；72.2%普力克600～1 000倍液；大生M-45的400～600倍液，上述药之一，或轮流交替应用，每7～10天喷洒一次，连喷3～4次。

三、软腐病

软腐病又叫"烂葫芦""烂疙瘩""水烂"等。主要危害大白菜、白菜、甘蓝、萝卜等十字花科蔬菜。国内各地都有发生，危害十分严重。

（1）症状

多在生长后期开始发病。发病初，植株外叶萎蔫，早晚还可恢复。严重时，叶萎蔫不能恢复，外叶平贴地上，叶柄基部及根茎髓部完全腐烂，呈黄褐色劲稠物，发出臭气。

（2）发病条件

该病为细菌性病害，由细菌侵染致病。病菌在病株残体，堆肥中越冬，翌年通过雨水、灌溉水、肥料传播。病菌主要通过机械伤口、昆虫咬伤等侵入。在植株其他病害严重，生长衰弱，愈伤能力弱时发生严重。在15～20℃的低温条件下，多雨、高温、光照不良等气候因素下，病害易流行。比如，连作、平畦栽培、管理粗放、伤口多时发生严重。

（3）防治方法

① 品种：抗霜霉病、病毒病的品种，均抗软腐病。

② 轮作 可与禾本科作物、豆类作物等不易感病的作物轮作，忌与十字花科、茄科、瓜类作物连作。

③ 整地、施肥 选用高燥地块，忌低洼、潮湿、黏重地。应用高垄、高畦栽培，忌平畦。增施腐熟的有机肥，防止肥料带菌。

④ 管理：适当晚播，避开高温、多雨、易发病季节。雨季及时排水、防涝，降低温度。发现病株，及时清除，携出田外，深埋或烧毁。病穴应撒石灰粉消毒。管理应尽量减少机械损伤。

⑤ 及时防治病虫害，及时防治地下害虫，及时防治其他食叶害虫，减少伤口。及时防治病毒病、霜霉病，也可减轻软腐病的发生。

⑥ 药剂防治。发病严重地，在根周围撒石灰粉，每公顷900 kg，可防止病害流行。播种前，用菜丰宁B1拌种，每公顷用量1 500 g，或用种子重量的1.5%的中生菌素；或用增产菌50 ml拌种，可消灭种子及苗周围土壤中的病菌。发病初可用：农抗120的150倍液；农用链霉素100 mg/L液；新植霉素200 mg/L；70%敌克松500 ~ 1 000倍液；菜丰宁B1的80倍液，上述药之一，喷雾或灌根，每株250 mL用量。

四、白斑病

该病主要危害大白菜、白菜、甘蓝、萝卜等十字花科蔬菜。国内发生普遍，华北、东北地区发生严重。

（1）症状

主要危害叶片。发病初，叶面上散生灰褐色微小的圆形斑点，后渐扩大至圆形、不正圆形或圆形病斑，中央变成灰白色，有1 ~ 2道不明显的轮纹，周缘有苍白色或淡黄绿色的晕圈，直径约6 ~ 18 mm。后期病斑互相合并，形成不规则的大病斑。潮湿时，病斑背面产生淡灰色霉状物。后期病斑变为白色半透明，并破裂穿孔。一般外层叶先发生，向上蔓延。

（2）发病条件

该病为真菌病害。病菌随病株残体在土表越冬，也可在种子或种株上越冬。翌春随风、雨传播。白斑病发生的温度范围为5 ~ 28 ℃，适温为11 ~ 23 ℃。适于发病的空气相对湿度为60%以上。在温度偏低、昼夜温差大、结露多、多雾、多雨的天气易发病。此外，连作、地势低洼、浇水过多、播种过早等因素也会造成病害流行。不同的品种抗病性亦有一定差异。

（3）防治方法

①品种：一般杂交种较抗病。

②轮作：实行与非十字花科作物2～3年的轮作。

③种子处理：选用无病种株，防止种子带菌。带菌种子可用50 ℃温汤浸种；或把种子放在70 ℃的温度下处理2～3天，以消灭种子上的病菌。

④管理：适期晚播，避开发病环境条件；增施有机肥，配合磷、钾肥料，补充微量元素肥料；及时清除病株，减少病源。

⑤药剂防治发病初可用：15%嗪胺灵300倍液；50%霉锈净500倍液；40%多硫600倍液；40%混杀硫600倍液；50%多菌灵800倍液；大生M-45的400～600倍液，上述药之一，或交替应用，每15天一次，连喷2～3次。

五、炭疽病

该病主要危害大白菜、白菜、萝卜、甘蓝等蔬菜。国内发生普遍，长江流域发生严重，华北、东北亦有危害。

（1）症状

主要危害叶片、叶柄、叶脉，有时也侵害花梗和种荚。叶片上病斑细小、圆形，直径约1～2 mm，初为苍白色水浸状小点，后扩大呈灰褐色，稍凹陷，周围有褐色边缘，微隆起。后期病斑中央部褪成灰白至白色，极薄，半透明，易穿孔。在叶脉、叶柄和茎上的病斑，多为长椭圆形或纺锤形，淡褐色至灰褐色，凹陷较深。严重时，病斑连合，叶片枯黄。潮湿时，病斑上产生淡红色黏质物。

（2）发病条件

该病为真菌病害。病菌随病株残体在土壤里越冬，或在种子上越冬。翌年通过雨水溅落在植株上侵染。发病适温为26～30 ℃，在高温、高湿条件下发生严重。此外，播种过早、雨量过多、低洼地、种植过密、积水等情况下易发病。

（3）防治方法

①整地：选用地势高燥、易灌能排的地块，忌低洼地、积水地。整地应精细，尽量采用高畦栽培，雨季及时排水。

②轮作：与非十字花科作物实行2年以上的轮作。

③品种：选用抗病的品种。

④ 种子处理：在无病区、无病株上留种，防止种子带菌。带菌种子可用温汤浸种法消毒；或用种子重量0.3%的50%的多菌灵或福美双拌种。

⑤ 管理：适期晚播，避开发病季节。及时清除杂株，减少病源。

⑥ 药剂防治：发病初期可用：50%多菌灵600倍液；80%炭疽福美500倍液；农抗120的100单位液；50%托布津500倍液；抗菌剂"401"800～1 000倍液；大生M-45的400～600倍液，上述药之一，或交替应用，每5～7天一次，连喷3～4次。

六、黑腐病

黑腐病主要危害白菜、甘蓝、萝卜等十字花科蔬菜。国内分布普遍，已成为主要病害之一。

（1）症状

幼苗受害，子叶、心叶萎蔫、干枯死亡。

成株发病，病斑多从叶缘向内发展，形成"V"字形黄褐色枯斑，病斑周围淡黄色。病斑在叶中间时，呈不规则形淡黄褐色斑，有时沿叶脉向下发展成网状黄脉，叶中肋呈淡褐色，被害部干腐，叶片歪扭，部分发黄。湿度大时，病部产生黄褐色菌浓或油浸状湿腐。

（2）发生条件

该病为细菌性病害，由细菌侵染致病，病菌随种子、种株、病株残体在土壤中越冬。翌年通过病苗、肥料、风雨、农具进行传播。发病适温为25～30 ℃。高温、高湿有利于发病。在连作、早播、低洼地块、管理粗放、虫害严重、机械伤口多等条件下发病严重。品种间抗病性也有差异。

（3）防治方法

① 种子在无病区或无病种株上留种，防止种子带菌。播种前应进行种子处理，可用温汤浸种或药剂处理，方法同霜霉病。

② 轮作与非十字花科作物实行1～2年的轮作。

③ 土壤处理用50%福美双1.25 kg；或用65%代森锌0.5～0.75 kg，加细土10～12 kg，沟施或穴施入播种行内，可消灭土中的病菌。

④ 管理：适期播种，高垄直播；施足腐熟的有机肥；合理密植；拔除病苗；适当浇水；减少机械伤口等，均可减轻病害的发生。

⑤ 药剂防治发病初可用：65%代森锌500倍液；农用链霉素或新植霉素200 mg/L；氯霉素2 000～3 000倍液；50%福美双500倍液；上述药之一，或交

替应用，每7～10天一次，连喷2～3次。

七、黑斑病

又叫黑霉病。主要危害白菜、大白菜、甘蓝、萝卜等十字花科蔬菜。国内普遍发生，危害有上升趋势。

（1）症状

幼苗和成株均可受害。受害子叶可产生近圆形褪绿斑点，扩大后稍凹陷，潮湿时表面长有黑霉。成株可危害叶片、叶柄、花梗和种荚等部位。叶多从外叶开始发病，病斑近圆形，直径2～6 mm，初呈近圆形褪绿斑，扩大后呈灰白色至灰褐色，病斑上有明显的轮纹，周围有黄色晕圈。湿度大时，病斑上有黑色霉状物。叶柄上病斑梭形，暗褐色，稍凹陷，种株上症状同上。

（2）发病条件

该病为真菌性病害。病菌以菌丝体和分生孢子在病株残体及种子上越冬。翌年借风雨传播。发病适温为13～15 ℃，在低温、高湿的条件下有利于病害的发生。此外，早播、多雨、管理粗放也有利于病害的流行。不同品种间抗病性也有差异。

（3）防治方法

①品种：因地制宜选用抗病品种。

②种子处理：在无病区和无病植株上采种。播种前应将种子消毒，方法同霜霉病。

③轮作与非十字花科作物实行2年以上的轮作。

④管理：及时排水防涝；利用高垄、高畦栽培；施足有机肥，增施磷、钾肥；施用微量元素肥料；适当晚播；及时清理病株，深埋或烧毁，减少病源。

⑤药剂防治：发病初期可用：70%代森锰锌500倍液；40%灭菌丹400倍液；农抗120的100单位；多抗霉素50单位；50%扑海因100倍液；60%杀毒矾500倍液；大生M-45的400～600倍液，上药之一，或交替应用，每7～10天一次，连喷3～4次。

第八章 培养学生的种植乐趣

孩子培育花草，花草也会教育孩子。种花种菜可以让孩子懂得，植物就像人一样，也需要食物和水才能成长，才能保持健康。照料植物不仅有助于培养孩子的责任感，还可激发孩子的好奇心和想象力。让孩子沉浸于种子萌芽、花儿绽放、蜜蜂采蜜、昆虫传粉等大自然的神奇之中，引领你的孩子探索大自然的奥秘。

一、为孩子开辟一个小小"种植园"

为你的孩子在花园开辟一小块地作为他（她）的种植园，明确这是他（她）自己的领地，不会被占用。这有助于培养孩子的责任感和独立能力。一般对于10岁前的儿童，一平方米就足够。如果没有花园，可以准备几个花盆等栽培容器，放在阳台或窗台，同样可以成为孩子喜爱的"种植园"。

二、与孩子讨论"种植园"建在哪里

与你的孩子商量"种植园"在哪里落脚，这个过程是让孩子懂得植物的生长需要阳光、水和肥沃土壤的好机会！然后与孩子一同选择一个合适的地点建造种植园。

三、精心挑选、种易活又有趣的植物

儿童很容易气馁，所以确保他（她）的第一次种植经历成功而又硕果累累是十分重要的。首先要选择一些好种易活、生长迅速的植物。大种子植物如向日葵、百日草、豌豆、南瓜等最易种植且生长迅速。萝卜虽然种子不大，但长得很快，也受到小朋友的偏爱。在好种的基础上，可以选择一些有趣的植物来吸引孩子的注意，保持他们的种植热情。

选择鲜艳夺目的花卉。儿童喜欢漂亮而生动的事物。因此，可以选择那些鲜艳夺目的花卉，如凤仙花、太阳花、大丽花、金盏菊、黑心菊、秋菊、长春花、海棠花、鸡冠花、五角星花、牵牛花、藿香蓟、香雪球、福禄考等。

选择儿童喜欢的果蔬。如果自己种的东西最后能够吃到嘴里，这对小孩子也是很有吸引力的。可以选择种一些瓜果蔬菜种植，如胡萝卜、萝卜、黄瓜、马铃薯、辣椒、西红柿、花椰菜、樱桃、杏、草莓等。

选择芳香植物。植物释放香气是为了吸引昆虫传粉或阻止害虫吃自己的叶子，这些香味或许还能吸引孩子呢。还可以种一些芳香植物，如薰衣草、薄荷、香草、罗勒等。

四、乐趣无限

除了种花种菜，种植还有很多乐趣，例如，可以教小孩子制作昆虫标本、制作叶子标本、收集种子、甚至自己动手制作肥料等。这些过程都是儿童了解大自然、培养动手能力和激发想象力的好机会。

下 篇

家庭蔬菜栽培技术

课程内容及教学要求	活动设计
1.能了解不同蔬菜种类、品种对温、光、水、气、肥等的需求特点 （1）能了解不同蔬菜种类、品种对温度等的需求特点； （2）能了解不同蔬菜种类、品种对光照的需求特点； （3）能了解不同蔬菜种类、品种对水分的需求特点； （4）能了解不同蔬菜种类、品种对气、肥等的需求特点 2.能熟练掌握本地区主要蔬菜的特性 （1）会根据生育特点进行肥水管理； （2）会根据不同生育期特点和要求进行植株管理； （3）会根据不同生育期特点和要求进行花果管理； （4）会根据产品特点和市场需求合理采收； （5）会建立家庭蔬菜栽培档案	1.蔬菜特性调查 调查本地区主要蔬菜作物（如黄瓜、番茄、甘蓝、萝卜等）种类对温、光、水、气、肥等的需求特点，并进行讨论和归纳总结，写出调查报告 2.家庭蔬菜栽培技术过程管理 （1）分小组进行，每组分别观察、记录实训场1~2种家庭蔬菜栽培蔬菜的生育期； （2）分组对实训场的家庭蔬菜栽培蔬菜所在生育期进行肥水管理操作； （3）分组对实训场的家庭蔬菜栽培果菜类蔬菜（如黄瓜）进行所在生育期的植株调整，并观察、总结其对植株的影响； （4）分组对实训场的家庭蔬菜栽培果菜类蔬菜（如番茄）进行花果管理； （5）分组对实训场中达到商品成熟度的蔬菜进行采收 3.建立家庭蔬菜栽培档案 分组分别选择实训场的1~2个田块进行跟踪调查，建立家庭蔬菜栽培档案

教学实习：家庭蔬菜栽培技术的综合性管理 I
（1）调查本地区蔬菜生产常用的栽培方式；
（2）调查本地区蔬菜生产中常用蔬菜的种类及品种；
（3）调查及查询本地区蔬菜生产中常用蔬菜的播种、定植及采收期；
（4）分小组讨论常用蔬菜的茬口安排并制订生产计划；
（5）根据生产计划，确定蔬菜的种类及品种、育苗方式、栽培材料、生产工具

教学实习：家庭蔬菜栽培技术的综合性管理 II
分组对实训场的蔬菜（如黄瓜或番茄）进行定植管理：
（1）事先调研几种蔬菜作物的株行距；
（2）熟练进行家庭蔬菜栽培整地施肥、作畦；
（3）秧苗移栽定植

第一章　瓜类蔬菜的栽培管理

课程内容及教学要求	活动设计
1.能了解本地区瓜类主要种类及品种特性 （1）能了解本地区黄瓜的主要种类及品种特性； （2）能了解本地区西瓜的主要种类及品种特性； （3）能了解本地区其他瓜类的主要种类及品种特性 2.能了解瓜类的生育特点及栽培特性 （1）能了解本地区黄瓜的生育特点及栽培特性； （2）能了解本地区西瓜的生育特点及栽培特性 3.能掌握瓜类蔬菜的定植、肥水管理、植株调整、采收等操作 （1）能掌握黄瓜的定植、肥水管理、植株调整、采收等操作； （2）能掌握西瓜、甜瓜的定植、肥水管理、植株调整、采收等操作	1.黄瓜栽培：分组进行下列操作 （1）调研黄瓜的种类和品种与栽培季节的关系。合理选择种类和品种，写出种类、品种、播种期、定植期、收获时间段，预计大致的产量； （2）对春或秋黄瓜进行定植。包括定植前的材料准备、整地作畦、定植； （3）对春或秋黄瓜进行肥水管理； （4）对春或秋黄瓜搭架或吊蔓，剪除老叶； （5）采摘黄瓜，掌握采收标准及包装 2.西（甜）瓜栽培：分组进行下列操作 （1）调研西瓜或甜瓜的种类和品种特性。调研西瓜或甜瓜进行嫁接的砧木种类。合理选择种类和品种； （2）对西瓜或甜瓜进行定植。包括定植前的材料准备、整地作畦、定植； （3）对西瓜进行理蔓、压蔓、整枝。（或对小型西瓜或甜瓜进行吊蔓、整枝）； （4）对西瓜或甜瓜进行人工授粉、确定留果数、保花保果处理

第一节　丝　瓜

　　阳台种菜，一般是种植一些小油菜之类的小型蔬菜，但也有花友希望了解阳台丝瓜的种植方法，丝瓜不仅可以做蔬菜，藤蔓还可以美化阳台，一举两得。丝瓜其实很容易种植，我们更多的是需要了解种植过程中的一些注意事项。

1. 准备一个足够大的容器

　　阳台种植丝瓜需要准备一个足够大的容器，种植容器的容积和深度越大越好，至少要保证15 cm的土层厚度和10 L以上的泥土容量，只有这样，才能保证丝瓜后期的生长。

丝瓜

2. 寻找合适的土壤

　　加入复合肥，充分混合，或直接购买营养土。因为花盆容积有限，所以，肥沃的土壤是让丝瓜后期发力的有利因素。

3. 空　间

　　丝瓜不同于其他蔬菜，需要爬藤，所以在种植丝瓜之前，我们需要对阳台进行合理的规划，做好丝瓜爬藤牵引的准备，因为阳台的布局不同，所以，花友们可以自由发挥，只要让丝瓜有地方爬藤就可以了，另外，要注意光照和通风，这是很重要的。

4. 育　苗

　　我们可以先用小盆来育苗，一半在春季育苗，将种子放到25~30 ℃的温水中浸泡4~6小时后，将种子表面黏液洗干净，就可以播种了，覆土1cm左右即可。

5. 定　植

一般播种后一周出苗，在小苗出第一片真叶时间苗，去除老、弱、病苗，要注意通风降温，白天温度控制在25~28℃，夜间保持15~18℃，防止徒长，定植前一周通风炼苗，待小苗长到3~4片叶、温度在20℃左右时即可移栽。

6. 日常管理要点

瓜蔓长到1m长时，不急着上架，把瓜蔓分段埋入根周围的土里，这就是压蔓，等丝瓜藤再次长长时，就可以引蔓上架了，瓜架可以因地制宜，根据自己的情况决定如何安置。

主蔓爬到4~5m左右时，可以摘心，也就是把瓜蔓的顶头掐掉，促使丝瓜长出更多的蔓。雌花出现后，早期可以人工授粉，后期依靠蜜蜂就可以了。一根蔓上保留2~3个雌花，然后摘心，这样可以保证瓜的质量，同时促使其再发新蔓。

雄花过多的时候，需要摘花，就是把多余的雄花剪掉，只留少量的雄花，以节约养分。至于剪多少、留多少才合适，可自己看着办，摘花的时候可以顺便疏叶，把过密的叶子、老叶、黄叶都剪掉，通风透光，减少丝瓜病虫害的发生。丝瓜一般6月份始收，7~8月份进入丰瓜期。盛收期每天可采收。丝瓜可采收至霜降，但秋凉后生长缓慢，品质下降。

丝瓜留种以根瓜为好，根瓜结果早，生长期长，种子饱满，其后代生长快，结果多而早。但长丝瓜的根瓜会接触地面而腐烂，因而以刚上架处所结的丝瓜作种为宜。

第二节　黄　瓜

黄瓜，英文名称为Cucumber，也称胡瓜、青瓜，葫芦科甜瓜属植物。西汉时期张骞出使西域时带回中原的，称为胡瓜。后赵皇帝石勒忌讳"胡"字，汉臣襄国郡守樊坦将其改为"黄瓜"（一说隋炀帝所改）。

黄瓜

黄瓜喜温暖，不耐寒冷，所以黄瓜广泛分布于中国各地，并且为主要的温室产品之一。茎上覆有毛，富含汁液，叶片的外观有3～5枚裂片，覆有绒毛。黄瓜食用部分为幼嫩子房，果实颜色呈油绿或翠绿，黄瓜亦可入药。黄瓜在中国南方地区也称为青瓜，比如青瓜炒蛋。所以当在南方看到青瓜，就应该知道是黄瓜了。可用于做面膜，起到保湿的作用。

一、形态特征

一年生，蔓生或攀缘草本；茎、枝伸长，有棱沟，被白色的糙硬毛。卷须细，不分枝，具白色柔毛。叶柄稍粗糙，有糙硬毛，长10～16（甚至20）cm；叶片宽，卵状心形，膜质，长、宽均7～20 cm，两面甚粗糙，被糙硬毛，3～5个角或浅裂，裂片三角形，有齿，有时边缘有缘毛，先端急尖或渐尖，基部弯缺半圆形，宽2～3 cm，深2～2.5 cm，有时基部向后靠合。雌雄同株。

1. 雄 花

常数朵在叶腋簇生；花梗纤细，长0.5～1.5 cm，覆微柔毛；花萼筒狭钟状或近圆筒状，长8～10 mm，密被白色的长柔毛，花萼裂片钻形，开展，与花萼筒近等长；花冠黄白色，长约2 cm，花冠裂片长圆状披针形，极尖；雄蕊5个，两两合生，一个单生，花丝近无，花药长3～4 mm，药隔伸出，长约1 mm。

2. 雌 花

单生或稀簇生；花梗粗壮，被柔毛，长1～2 cm；子房纺锤形，粗糙，有小刺状突起。果实长圆形或圆柱形，长10～30（甚至50）cm，熟时黄绿色，表面粗糙，有具刺尖的瘤状突起，极稀近于平滑。种子小，白色，两端近急尖，长约5～10 mm。花果期为夏季。

二、生长环境

1. 温 度

黄瓜喜温暖，不耐寒冷。生长适温为10～32 ℃。一般白天25～32 ℃，夜间15～18 ℃生长最好；最适宜的温度为20～25 ℃，最低为15 ℃左右。最适宜的昼夜温差为10～15 ℃。黄瓜在高温35 ℃的光合作用不佳，45 ℃出现高温障碍，低温−2～0 ℃将被冻死，如果低温炼苗可承受3 ℃。

2. 光 照

华南型品种对短日照较为敏感，而华北型品种对日照的长短要求不严格，已成为日照中性植物，其光饱和点为5.5万勒克斯，光补偿点为1500勒克斯，多数品种在8～11小时的短日照条件下，生长良好。

3. 水 分

黄瓜产量高，需水量大。适宜土壤湿度为60%～90%，幼苗期水分不宜过多，土壤湿度60%～70%，结果期必须供给充足的水分，土壤湿度80%～90%。黄瓜适宜的空气相对湿度为60%～90%，如果空气相对湿度过大，将很容易发病，造成减产。

4. 土 壤

黄瓜喜湿而不耐涝，喜肥而不耐肥，宜选择富含有机质的肥沃土壤。一般喜欢pH5.5～7.2之间的土壤，但以pH为6.5最好。

黄瓜是一年生蔓生或攀缘草本，茎细长，有纵棱，被短刚毛。黄瓜栽培历史悠久，种植广泛，是世界性蔬菜。广州市黄瓜栽培季节较长，露地栽培可达9个月以上，利用设施栽培可达到终年生产与供应，年种植面积5～10万亩，是市销和出口的重要蔬菜之一。

葫芦科（Cucurbitaceae）的一种一年生攀缘植物，学名Cucumis sativus，可能起源于印度北部，现广泛栽培食用其果。黄瓜植株柔嫩，茎被毛并多汁，叶被绒毛，具3～5枚裂片；茎上生有分枝的卷须，借此缘架攀爬。常见蔬菜中，黄瓜需要的热量最多。在北欧，广泛搭架栽培于温室。在美国气候温和的地区，做大田作物种植以及种于庭院。通常是超量播种后疏苗至合适的密度。

黄瓜有3个品种群：一类果很大，生长旺盛，但仅适应于温室或搭架栽培；一类果大，一般具白刺，室外栽培（主要用于刨片和腌制）；一类果小而带刺，产量高，户外栽培，主要用于腌制。黄瓜的营养价值不高，但很受欢迎，常用于制作沙拉或当配菜使用。新鲜的黄瓜结实，形状美观，为鲜绿色，在冰箱内约可存放两周。

黄瓜根系分布浅，再生能力较弱。茎蔓长可达3 m以上，有分枝。叶掌状，大而薄，叶缘有细锯齿。花通常为单性，雌雄同株。瓠果，长数厘米至70 cm以上。嫩果颜色由乳白至深绿。果面光滑或具白、褐或黑色的瘤刺。有的果实有来自葫芦素的苦味。种子扁平，长椭圆形，种皮浅黄色。中国栽培黄瓜的主要类型有：华北型，主要分布于长江以北各省；华南型，主要分布于东南沿海各省；英国温室型、欧美凉拌生食型和酸渍加工型。黄瓜属喜温作物，种子发芽适温为25～30 ℃，生长适温为18～32 ℃。黄瓜对土壤水分条件的要求较严格，生长期间需要供给充足的水分，但根系不耐缺氧，也不耐土壤营养的高浓度。土壤pH以5.5～7.2为宜。黄瓜可四季栽培，冬、春栽培时多用育苗种植。多用支架栽培，不搭架的称地黄瓜。生长期长，肥量大，中国以基肥为主，并在生长期间多次追肥。少雨地区适量浇水，多雨地区注意排水防涝。采收分次进行。嫩果一般在雌花开后7～15天采收。主要病害有霜霉病、白粉病、枯萎病、疫病、角斑病和炭疽病等。主要害虫有：棉蚜、红蜘蛛、温室粉虱、侧多食跗线螨和种蝇等。黄瓜属常异交作物，应隔离采种。嫩果做蔬菜食用，果肉可生食。所含蛋白酶有助于人体对蛋白质的消化吸收，果实可酸渍或酱渍。

三、优良品种

最好的黄瓜是黑龙江省产的黄瓜，分旱黄瓜和水黄瓜，其味道有涵甜，因全世界只有三块黑土地，而中国只有黑龙江全境、吉林少部分是黑土地，黑土地要四亿年才能形成，是动植物的尸骨在经历很长时间才形成的高有机土壤，在这样的黑土地长出来的作物其营养特别丰富，由于寒冷地带的黑土地冬季土地和植物在大雪的覆盖下进入冬眠，更加使黑土地有生气。所以，黑龙江的农作物是最好的！

四、物种分类

（一）黄瓜的分布区域及类型

根据黄瓜的分布区域及其生态学性状分下列类型：

1. 南亚型黄瓜

分布于南亚各地。茎叶粗大，易分枝，果实大，单果重1~5 kg，果短，圆筒或长圆筒形，皮色浅，瘤稀，刺黑或白色，皮厚，味淡。喜湿热，严格要求短日照。地方品种群很多，如锡金黄瓜、中国版纳黄瓜及昭通大黄瓜等。

2. 华南型黄瓜

分布在中国长江以南及日本各地。茎叶较繁茂，耐湿、热，为短日性植物，果实较小，瘤稀，多黑刺。嫩果绿、绿白、黄白色，味淡；熟果黄褐色，有网纹。代表品种有昆明早黄瓜、广州二青、上海杨行、武汉青鱼胆、重庆大白及日本的青长、相模半白等。

3. 华北型黄瓜

分布于中国黄河流域以北及朝鲜、日本等地。植株生长势均中等，喜土壤湿润、天气晴朗的自然条件，对日照长短的反应不敏感。嫩果棍棒状，绿色，瘤密，多白刺。熟果黄白色，无网纹。代表品种有山东新泰密刺、北京大刺瓜、唐山秋瓜、北京丝瓜青以及杂交种中农1101、津研1~7号、津杂1号、津杂2号、鲁春32等。

4. 欧美型露地黄瓜

分布于欧洲及北美洲各地。茎叶繁茂，果实圆筒形，中等大小，瘤稀，白刺，味清淡，熟果浅黄或黄褐色，有东欧、北欧、北美等品种群。

5. 北欧型温室黄瓜

分布于英国、荷兰。茎叶繁茂，耐低温弱光，果面光滑，浅绿色。有英国温室黄瓜、荷兰温室黄瓜等。

6. 小型黄瓜

分布于亚洲及欧美各地。植株较矮小，分枝性强，多花多果。代表品种有扬州长乳黄瓜等。

（二）广州市黄瓜栽培品种

目前，广州市种植的黄瓜有华南型黄瓜和华北型黄瓜，栽培品种主要有以下几个：

1. 园丰元6号青瓜

山西夏县园丰元蔬菜研究所生产，一代杂种，中早熟，长势强，主侧蔓结瓜，雌花率高，瓜条直顺，深绿色，有光泽，瓜长35 cm，白刺，刺瘤较密，瓜把短，品质优良，产量高，亩产5 000 kg。适宜春、夏、秋种植。

2. 早青二号

广东省农科院蔬菜所育成的华南型黄瓜一代杂种，生长势强，主蔓结瓜，雌花多。瓜圆筒形，皮色深绿，瓜长21 cm，适合销往我国港澳地区，耐低温，抗枯萎病、疫病和炭疽病，耐霜霉病和白粉病。播种至初收历时53天。适宜春、秋季栽培。

3. 津春四号青瓜

天津黄瓜研究所育成的华北型黄瓜一代杂种，抗霜霉病、白粉病、枯萎病，主蔓结瓜，较早熟，长势中等，瓜长棒形，瓜长35 cm。适宜春、秋露地栽培。

4. 粤秀一号

广东省农科院蔬菜所最新育成的华北型黄瓜一代杂种，主蔓结瓜，雌株率达65%，瓜棒形，长33 cm，早熟，耐低温，较抗枯萎病、炭疽病、耐疫病和霜霉病，适宜春、秋露地栽培。

5. 中农8号

中国农科院蔬菜花卉研究所育成的华北型黄瓜一代杂种。植株长势强，分枝较多，主侧蔓结瓜，抗霜霉病、白粉病、黄瓜花叶病毒病、枯萎病、炭疽病等多种病虫害。适宜春、秋露地栽培。

五、生长习性

黄瓜产量高，需水量大。适宜土壤湿度为60%～90%，幼苗期水分不宜过多，土壤湿度60%～70%，结果期必须供给充足的水分，土壤湿度80%～90%。黄瓜适宜的空气相对湿度为60%～90%，如空气相对湿度过大很容易发病，造成减产。

春、夏季黄瓜穴盘轻基质育苗苗龄短，一般1叶1心，15～17天即可移栽，基质中的营养基本能满足黄瓜苗生长需要，一般不需补肥。春、夏季雨水多，易发生猝倒病，可用绿亨一号或多菌灵等常用杀菌剂防治。防灾抗灾黄瓜夏季育苗正值高温多雨季节，既要防止高温缺水，又要防止暴雨毁苗。播后遇晴天烈日要坚持每天补水1次,并搭好支架覆盖遮阳网,遮阳网上午9点盖,下午5点揭(这样做的好处是雌花分化的比较多,低温短日照利于雌花分化)。大雨前在支架上盖膜。定植前炼苗,定植后浇足活棵水,必要时造墒移栽。

六、黄瓜种植方法

1. 土壤选择和整地

选择酸碱度在6.0～7.5之间,富含有机质、排灌良好、保水保肥的偏黏性沙壤土,忌与瓜类作物连作,前茬最好为水稻田。整地采用深沟高畦,畦宽1.8～2.0 m(连沟),畦高30 cm,南北走向,双行植,株距30 cm。

2. 适时播种、育苗与定植

早春1至3月播种,夏秋种植6至8月。春播采用浸种催芽后育苗或地膜覆盖直播,夏秋季手植黄瓜浸种直播或干种直播均可。

浸种催芽在黄瓜播种中普遍应用,用50～55 ℃温开水烫种消毒10分钟,不断搅拌以防烫伤。然后用约30 ℃温水浸4～6小时,搓洗干净,捞起沥干,在28～30 ℃的恒温箱或温暖处保湿催芽,20小时开始发芽。早春小拱棚保温育苗,用育苗杯或苗床育苗,苗龄15～20天(2片真叶)时定植,于晴天傍晚进行,要注意保护根系,起苗前淋透水,起苗时按顺序,做到带土定植,以防伤根。

定植移栽:合理密植。每块土栽2行,每穴栽1株,株距一般为25～30 cm。

定植时间:早春在大棚内或小拱棚覆盖生产,每年的3月20日前后选择冷尾暖头的晴天移栽。

方法:先打定植孔,直径和深度均比营养钵大1 cm以上,移栽时,选择大小均匀一致的秧苗,应轻拿轻放,确保根系完整,有利于缩短缓苗期,提高成活率。

浇稳根水。稳根水的配置方法:每50 kg水加250 g尿素、枯草芽孢杆菌60 g、海藻生根剂60 mL。充分拌匀后施用,每株浇水250 g。浇水后用土将定植孔封闭。

3. 肥水管理与培土

施足基肥是稳产高产的关键之一。黄瓜对基肥反应良好,整地时深耕增施腐熟有机肥,亩施2 000～3 000 kg,毛肥50 kg,过磷酸钙30 kg做基肥。植株2～3片真叶时,开始追肥。黄瓜根的吸收力弱,对高浓度肥料反应敏感,追肥以"勤施、薄施"为原则,每隔6～8天追肥1次,亩施尿素5～6 kg。

卷须出现时结合中耕除草、培土、培肥,采收第一批瓜后再培土、培肥

1次，亩施花生麸15～20 kg，复合肥30 kg，钾肥10 kg。

夏、秋季由于气温高，生长发育迅速，衰老也快，加之降雨量大，肥水流失多，除了施足基肥外，要早追肥。1～2片真叶期和采收第一批瓜后各培土培肥1次，要重视磷、钾肥，以避免陡长、早衰。

春黄瓜苗期要控制水分。开花结果期需水量最多，晴天一般一天淋水1次，旱时3～5天灌水1次。雨天时要做好防涝工作。

4. 搭架引蔓与整枝

一般卷须出现时插竹搭架引蔓，搭"人字架"。引蔓在卷须出现后开始，每隔3～4天引蔓一次，使植株分布均匀，于晴天傍晚进行。黄瓜是否整枝依品种而定，主蔓结果的一般不用整枝；主侧蔓结果或侧蔓结果的，要摘顶整枝，一般8节以下侧蔓全部剪除，9节以上侧枝留3节后摘顶，主蔓约30节摘顶。

5. 采　收

春季黄瓜从定植至初收约55天，夏、秋季35天。开花10天左右可采收。即皮色从暗绿变为鲜绿，有光泽，花瓣不脱落时采收为佳。头茬瓜要早收，以免影响后续瓜的生长，甚至妨碍植株生长，形成畸形瓜和植株早衰，从而影响产量。

六、病虫害防治

危害青瓜的常见病虫与苦瓜相同，还有灰霉病和细菌性角斑病。

1. 灰霉病

（1）生态防治：浇水宜在上午进行，发病初期适当节制浇水，严防过量。

（2）发病后及时摘除病果、病叶，集中烧毁或深埋。

（3）药剂防治：发病初期喷施25%敌力脱乳油3 000～4 000倍液、30%爱苗乳油3 000～4 000倍液、10%宝丽安可湿性粉剂900～1 000倍液、50%速克灵可湿性粉剂2 000倍液，或45%特克多悬浮剂3 000～4 000倍液、50%扑海因可湿性粉剂1 500倍液、40%多·硫悬浮剂600倍液、2%武夷菌素水剂150倍液，交替使用，隔7～10天一次，连续使用2～3次。

2. 细菌性角斑病

多发生在高温多雨季节，病菌在种子和土壤中越冬。病原菌经伤口和水孔入侵发生为害。高温多雨、地势低洼积水，多年连作，肥水管理不当，都会加重发生。暴风雨后迅速发展，造成严重损失。该病应以预防为主，防治方法如下：

（1）种子消毒：用72%农用链霉素可溶性粉剂3 000～4 000倍液浸2小时，或用40%福尔马林150倍液浸90分钟，清水洗净后再按常规操作浸种催芽。

（2）药剂防治：可采用30%氧氯化铜胶悬剂800倍液，或77%可杀得可湿性粉剂1 500倍液、2%加收米液剂400～500倍液、72%农用链霉素可溶性粉剂4 000倍液、新植霉素4 000倍液、农抗120、200倍液喷雾，交替使用，每隔7～10天一次，连续2～3次。

黄瓜病虫较多。对产量、品质影响较大的有疫病、霜霉病、枯萎病、炭疽病、白粉病等，虫害主要有黄守瓜、蚜虫、美洲班实蝇等。黄瓜疫病是一种毁灭性病害。我国南方以春季黄瓜发生严重，低洼地和高温多雨潮湿天气最易发病并引起严重流行。感病植株主要茎基部节间再现水渍状病斑，继而环绕茎部湿腐、缢缩，蔓叶萎蔫，瓜果腐烂，以致整株死亡。

霜霉病主要由气流传播，侵染频繁、潜伏期短、游行性强。主要危害叶片，形成黄色或淡褐色多角形病斑，叶片背面有紫灰霉层。此病多于地势低洼、通风不良、浇水过多的地方发生，对设施栽培黄瓜的后期产量往往造成很大损失。

枯萎病多在开花结果期发生，病株生长缓慢，下部叶片发黄，逐渐向上发展。病情开始时萎蔫不显著，中午萎蔫，早晚恢复，反复数日才枯萎死亡。此病发生严重，药剂防治效果差，往往影响后期产量。

炭疽病于高温湿季节危害严重。发病温度为10～38 ℃，以22～27 ℃最适宜，黄瓜苗期至成株期均可发病，主要以菌丝体或拟菌核在种子上或病残株上越冬。早春设施棚内温度低、湿度大，叶面常结有水珠，此时最易流行，露地以5～6月发病较严重。此外，连作、氮肥过多、大水漫灌、通风不良、植株衰弱易造成发病严重。

白粉病多发生于生长中后期，发病越早，损失越大。主要危害叶片，温度较大，气温16～24 ℃时极易流行。植株徒长、枝叶过密、通风不良、光照不足，病情发生较严重。

对黄瓜病害应采取综合防治，主要措施如下：

① 选用抗病品种，广东省春季选用旦青二号、三号，夏、秋季选用夏青四号、五号等具有抗性的新品种，可减少打药次数，可提高产量。

② 合理轮作，忌与瓜类作物连作，最好与水稻轮作，也可与叶菜类、水生蔬菜轮作。

③ 发病初期，注意清除残枝叶并及时喷药，以防病势蔓延。防治疫病可

喷58%瑞毒霉锰锌500～800倍液或40%乙磷铝250～230倍液；防治霜霉病可用克露800～1 000倍液或75%百菌清可湿性粉剂600～700倍液；防治枯萎病可用70%敌克松或50%代森锌1 000～1 500倍液，炭疽病用施保功1 000～1 500倍液或80%炭疽福美可湿性粉剂800倍液；白粉病呆喷灭威500～600倍液或50%胶体硫150～200倍液。

黄瓜虫害主要有蚜虫、黄守瓜、美洲班实蝇、烟粉虱等。这几种害虫主要以成虫或弱虫危害叶片和嫩茎，影响植株正常生长。特别是美洲斑实蝇，是我国新发现的一种检疫性害虫，繁殖力强，传播快，严重威胁瓜类生产，可用20%好年冬1 500～2 000倍液或赛宝800～1 000倍液进行防治，效果较理想。

第三节　辣　椒

一、栽培要点

1. 茬口安排

（1）早春保护地栽培：一般每年10月上旬播种，12月上旬定植，翌年3月下旬至6月下旬采收。

（2）夏秋栽培：每年6月中旬至7月中旬播种育苗，9月中旬、12月上旬采收。

（3）高山栽培：每年4月中下旬温床播种育苗，6月上旬定植，8月中旬至10月上市。

辣　椒

2. 种子处理和育苗

种子处理：用55℃水浸种30分钟，自然冷却后再浸种7～8小时或用高锰酸钾500倍液浸种7～8分钟，洗净后用清水再浸种7～8小时，然后在28～30 ℃条件下保温催芽，种子露白即可播种。

（1）播种

浇足底水后，撒0.5%多菌灵药土1～2 cm厚，播种后均匀覆盖药土0.5 cm，播后覆膜或遮阳网。

（2）育苗管理

出苗前保温保湿，白天25～30 ℃。当60%～70%幼苗出土时，及时揭去地膜或遮阳网。出苗后适当降低温度，白天18～25 ℃，夜间12～15 ℃，防冻害，防倒苗。注意通风换气，多见阳光。幼苗破心后进行第一次移苗，营养钵10 cm×10 cm。

（3）移苗

移苗在小苗3～4片真叶时进行。此时缓苗期短，长势强，移苗最合适。1～2片真叶时移苗，移苗后苗势长势不齐；5～6片真叶时移苗，苗大叶片多，蒸发量大，易伤根，缓苗时期长，并且移栽苗易落叶，造成将来植株生长势弱，病毒严重。移苗应选阴天下午进行，宜浅不宜深，要边移栽边浇定根水，水要适量，保持叶面湿润。

（4）湿度、光照管理

辣椒育苗期避开高温的天气，温度高，光照强，幼苗期必须拱棚遮光，降低苗床气温和地温，保持空气的流通，遮阳物上午盖，傍晚揭。

（5）水分管理

在苗期生长过程中，保持苗床土湿润，避免过干过湿，要凉地凉水浇苗，不要热地热水浇苗。

（6）定植

选择阴天或晴天下午进行，此时苗龄在35天左右，8～10片叶，刚现雷分枝，苗高在15～17 cm，叶色深绿，茎秆粗壮，根系发达，无病虫害。每亩（1公顷=15亩，全书同）施有机肥1～2吨，复合肥30 kg，过磷酸钙50 kg，深耕30 cm，耕细耙平，做好畦。如有条件，地面覆盖银灰色地膜。畦的制作在1.2 m，定植株距40 cm左右。

3. 定植后管理

（1）水分管理

及时浇定根水，第二天复水，浇水后浅中耕一次，缓苗后再浇第三次水，浇水后再中耕，以后保持土壤湿润。

（2）温度管理

大棚内秋季栽培，定植期温度较高，土温过高会造成植株根系发育受阻，影响辣椒的正常生长。因此，在定植后最好在棚顶盖银灰色遮阳网，以减少光的强度，为其降温。在外界气温和光照降低后，揭掉棚顶遮阳物。

（3）整枝、施肥

秋季栽培辣椒以施腐熟有机肥为主，定植缓苗后施一次提苗肥，促进苗发根。大部分辣椒采收后施一次重肥，注意氮肥不要过量，以免造成徒长或大量落花，采摘推迟。及时摘除有病的根、茎、叶等，以确保植株生长良好，抽发枝强。

（4）及时采收

"采优一号"果翠绿色，果长20～25 cm，果肩横径2.5～3.2 cm，单果重60～80 g，果形长，顺畅，色泽艳丽，成熟后红果鲜艳，味辣，耐储运。为了提高产量需及时采收，包装整齐后上市。

二、病虫害防治

1. 地老虎

可采取秋翻冬灌、铲埂除蛹、性诱剂、黑光灯、糖醋液等方法。也可在5月中旬即沙枣花开的时候防治，3龄前可用2.5%敌杀死进行防治，3龄以后可用毒饵诱杀。

2. 棉铃虫

防治时间在6月底至7月中旬。可用黑光灯、性诱剂和糖醋液。要注意治早、治小，并交替轮换使用农药。

3. 疫病防治

采用高垄栽培，浇水时不要浸根茎部。采用沟灌，不能大水漫灌，严禁在大、中量雨前后灌水。发病初期喷药，喷25%甲霜灵、64%杀毒矾，每亩50 g兑水30 kg喷洒。

4. 病毒病防治

可选用抗病品种。进行种子处理，温汤浸种，用10%磷酸三钠浸种30分钟后再洗净。在发病初期可用病毒A进行防治。

5. 化 除

播前可用禾耐斯进行土壤封闭处理。苗期可用克无踪定向喷雾，不要喷在辣椒苗上。

第二章　茄果类家庭蔬菜栽培技术管理

课程内容及教学要求	活动设计
1.能了解本地区茄果类主要种类及品种特性 （1）能了解本地区番茄主要种类及品种特性； （2）能了解本地区茄子主要种类及品种特性； （3）能了解本地区辣椒主要种类及品种特性 2.能了解茄果类的生育特点及栽培特性 （1）能了解茄果类的生育特点； （2）能了解茄果类的栽培特性 3.能掌握茄果类的定植、肥水管理、植株调整、采收等操作 （1）能掌握番茄的定植、肥水管理、植株调整、采收等操作； （2）能掌握茄子及辣椒的定植、肥水管理、植株调整、采收等操作	茄果类栽培：分组进行下列操作 （1）调研茄果类主要的种类和品种与栽培季节的关系。合理选择种类和品种。写出种类和品种、播种期、定植期、收获时间段，预计大致的产量； （2）对番茄（或茄子及辣椒）进行定植。具体包括定植前的材料准备、整地作畦，黄瓜定植； （3）对番茄（或茄子及辣椒）进行肥水管理，着重追肥时间及追肥量； （4）对番茄进行搭架（或吊蔓），单干整枝或双干整枝等植株调整工作； （5）对番茄进行防止落花落果工作。包括激素处理，疏花疏果、确定留果数等操作； （6）对采收期间的番茄（或茄子及辣椒），进行采摘，掌握采收标准及包装

第四节　番　茄

　　番茄是茄科茄属、番茄亚属的多年生草本植物，又称西红柿、洋柿子。番茄的"番"字有时也被误写作草字头的"蕃"。原产于中美洲和南美洲，中国各地均普遍栽培，夏、秋季出产较多。现作为食用蔬果在全世界范围内广泛种植。

一、生物学特征

　　番茄为茄科一年生或多年生草本植物。植株高0.6～2 m。全株被黏质腺毛。茎为半直立性或半蔓性，易倒伏，高0.7～1.0 m或1.0～1.3 m不等。茎的分枝能力强，茎节上易生不定根，茎易倒伏，触地则生根，所以番茄扦插繁殖较易成活。奇数羽状复叶或羽状深裂，互生；叶长10～40 cm；小叶极不规则，大小不等，常5～9枚，卵形或长圆形，长5～7 cm，先端渐尖，边缘有不规则锯齿或裂片，基部歪斜，有小柄。花为两性花，黄色，自花授粉，复总状花序。花3朵，成侧生的案伞花序；花萼5～7裂，裂片披针形至线形，果时宿存；花冠黄色，辐射状，5～7裂，直径约2 cm；雄蕊5～7根，着生于筒部，花丝短，花药半聚合状，或呈一锥体绕于雌蕊；子房2室至多室，柱头头状。果实为浆果，浆果扁球状或近球状，肉质而多汁，橘黄色或鲜红色，光滑。种子扁平、肾形，灰黄色，千粒重3.0～3.3 g，寿命3～4年。花、果期为夏、秋两季。根系发达，再生能力强，但大多根群分布在30～50 cm的土层中。

番　茄

二、生育周期

发芽期：从播种到第一片真叶出现（破心）。在正常温度条件下，这一时期为7～9天；幼苗期是指从第一片真叶出现至第一花序现蕾。此期适宜昼温为25～28 ℃，夜温为13～17 ℃。此期地温对幼苗生育有较大的影响，适宜的地温应保持在22～23 ℃；始花坐果期是指从第一花序现蕾至坐果。这个阶段是番茄从以营养生长为主过渡到生殖生长与营养生长同等发展的转折时期，直接关系到产品器官的形成及产量。

结果期：从第一花序着果到采收结束（拉秧）。这一时期果、秧同时生长，解决好营养生长与生殖生长的矛盾，是这一时期的关键要务。

三、对环境条件的要求

1. 概括性要求

（1）温度

番茄是喜温性蔬菜，在正常条件下，同化作用最适温度为20～25 ℃，根系生长最适土温为20～22 ℃。提高土温不仅能促进根系发育，同时土壤中硝态氮含量显著增加，生长发育加速，产量增高。

（2）光照

番茄是喜光作物，光饱和点为70 000 lx，适宜光照强度为30 000～50 000 lx。番茄是短日照植物，在由营养生长转向生殖生长过程中基本要求短日照，但要求并不严格，有些品种在短日照下可提前现蕾开花，多数品种则在11～13 h的日照下开花较早，植株生长健壮。

（3）水分

番茄既需要较多的水分，但又不必经常大量的灌溉，一般以土壤湿度60%~80%、空气湿度45%~50%为宜。空气湿度大，不仅阻碍正常授粉，而且在高温、高湿条件下病害严重。

（4）土壤及营养

番茄对土壤条件要求不太严格，但为获得丰产，促进根系良好发育，应选用土层深厚，排水良好，富含有机质的肥沃壤土。土壤酸碱度以pH为6~7为宜，过酸或过碱的土壤应进行改良。番茄在生育过程中，需从土壤中吸收大量的营养物质，据艾捷里斯坦报道，番茄每生产5 000 kg果实，需要从土壤中吸收氧化钾33 kg、氮10 kg、磷酸5 kg。

2. 具体要求

（1）番茄对温度的要求

番茄喜温，白天适宜的温度为25~28 ℃，夜间16~18 ℃。低于15 ℃，番茄种子发芽、授粉受精及番茄转红受到影响：低于10 ℃，生长缓慢，生殖发育受到抑制，低于5 ℃时茎叶停止生长，低于2 ℃则受到冷害，0 ℃即被冻死。高于35 ℃生殖发育受到影响，高于40 ℃因生理紊乱而热死。充足的光照、适宜的温差利于养分的积累和转熟，促进植株的健康发育，防止徒长，增强番茄的抗病能力，提高产量。

（2）番茄对湿度的要求

基本原则是除发芽、出苗以及分苗定植后的缓苗期，要求较高温度和湿度外，其他时期都不需要高湿度。对水分要求除定植前和开花期以及转熟期要适当控水外，其他各期都应保证充足的水分供应。

（3）番茄营养供应的原则

番茄需肥量较大，各时期都应保证充足的营养，但各个生育时期对肥量需求又有一定的差异，前期侧重氮肥，后期侧重钾肥，磷肥的需求贯彻生育期始终。但整个生育期间要保证钾肥的需求量。

在保证番茄正常生长发育的条件下，对番茄进行低温锻炼，不仅可提高植株自身的抗热、耐寒能力，而且可降低取暖保温费用。一般情况下，在番茄生育的转折点和关键时期需要最适温度，如发芽、出苗、花芽分化、授粉受精及转熟期以及分苗定植之后，保证适宜的温度，以促进正常的生殖生理过程和受伤后的尽快愈合恢复生长；而在分苗及定植前则要通过充足的锻炼，以保证安全渡过受伤后的艰难时期，而在正常生长阶段，温度可适当稍低。

番茄栽培的关键是培育壮苗，壮苗指标为6～7片叶，苗龄60～70天，20～23 cm高，60%～70%显花蕾。

3. 具体对策

（1）配制营养土

按一定比例配制营养土，要求营养土的孔隙度约60%，pH为6～7，含速效磷100 mg/ kg以上，速效钾100 mg/ kg以上，速效氮150 mg/ kg，疏松、保肥、保水，营养完全。将配制好的营养土均匀地铺于播种床（厚度10 cm），或者育苗盘里。

（2）种子的处理

番茄种子消毒处理。有两种方法：

① 温汤浸种，即用清水浸泡种子1～2小时，然后捞出把种子放入55 ℃热水，维持水温均匀浸泡15分钟，之后再继续浸种3～4小时。温汤浸种时，一般是一份种子，二份水；要不断、迅速地搅拌，使种子均匀受热，以防烫伤种子；然后要不断地加热水，保持55 ℃水温。可以预防叶霉病、溃疡病、早疫病等病害发生。

② 磷酸三钠浸种，即先用清水浸种3～4小时，捞出沥干后，再放入10%的磷酸三钠溶液中浸泡20分钟，捞出洗净。这种方法对番茄病毒病有比较明显的效果。

将土豆块茎冷冻后再缓缓解冻，然后榨汁，把番茄种子在土豆汁中浸泡一夜，次日，将一块没有绒毛的厚布蘸上汁，把浸泡过的种子松散地放在上面，使种子相互不接触，再用聚乙烯薄膜盖上以免干燥，但需保持透气，然后把它们放在温暖的地方（不能加温），种子发芽后，插入土壤进行育苗，采用这种催芽法可比普通发芽的番茄提早成熟2～3周。

（3）催芽及播种

① 播种量确定。一般番茄种子每克含有300粒左右，根据定植密度，一般每667 m²大田用种量20～30 g。每平方米播种床可以播种10～15 g。如果种子发芽率低于85%，播种量还应该适当增加些。

② 确定播种期。根据种植季节、气候条件、栽培方式、育苗设施等因素综合考虑，以确定适宜的播种期。例如，春季露地栽培，北京地区通常在2月中旬至3月初播种育苗。秋季露地栽培；长江以南如上海、南京等地以7月下旬至8月初播种，效果最好；而四川东部以7月上旬播种的产量较高。一些番茄病害发生严重的地区，把播种期适当推迟1至2个月，然后通过密植、早摘心、增加肥水

等措施，也能获得较高的产量。

③ 种子经过处理后可以直接播种，但最好还是要进行催芽播种。进行催芽时，通常未经药剂处理的种子，需先用温水浸泡6～8小时，使种子充分膨胀，然后放置在25～28 ℃温度条件下催芽2～3天。而用药剂浸种的种子，只需用清水将种子冲洗干净后即可直接催芽。催芽过程中，需提供适宜的温度、水分和空气，为此要经常检查和翻动种子，使种子处于松散状态。

④ 每天还需用清水淘洗1～2次，以更新空气和保持湿度。催芽最好采用恒温箱。经过催芽的种子，播种后出苗快而整齐，有利于培育健壮的幼苗。

⑤ 播种方法。通常有撒播、条播和点播。播种后应立即覆土，覆土要用过筛的细土。覆土的厚度约0.8～1.0 cm，薄厚要一致。播种后每平方米苗床再用8克50%多菌灵可湿性粉剂拌上细土均匀地薄撒于床面上，可以防止幼苗猝倒病发生。冬、春季育苗床床面上还需覆盖地膜。夏、秋季育苗床床面上需覆盖遮阳网或稻草，待有70%幼苗顶土时撤除覆盖物。

四、苗期管理

一般情况，育苗床温度较高，保温条件好，种子又先经过了催芽，播种后2～3天就可以出苗，反之，就需要5天或更长一些时间才能出苗。

苗期管理主要是对温度和光照的控制。

（1）播种至出苗期间的苗床管理，这一时期是指播种至两片子叶充分展开期。春季露地栽培番茄的育苗期各地均安排在寒冷的季节，必须使床温控制在昼温25～28 ℃，夜温15～18 ℃。采用冷床或温床育苗的，这期间应充分利用太阳能以提高床温，并利用覆盖物以保持较高的床温。出苗前一般不揭膜、开窗放风。幼芽开始顶土出苗时，如果因覆土过薄，发现顶壳现象，应立即再覆土1次。

（2）出苗至分苗前的苗床管理。这一时期主要是调节苗床温、湿度，及时间苗、覆土，改善光照条件，白天温度可控制在20～25 ℃，夜间温度可控制在10～15 ℃，以防徒长。分苗前4～5天，为适应分苗床较低的温度，提高移植后的成活率，促进缓苗，此时的床温可再降低2～3 ℃。冷床育苗，尤其是温床和温室育苗，应在白天逐渐加大通风口，延长通风时间，草苫或薄席也要逐渐早揭晚盖，延长光照时间。苗期容易发生的立枯病或猝倒病往往是在恶劣天气里，不进行适当地通风换气，长时间用草苫、薄膜等覆盖物捂盖着，使苗床内空气湿度逐渐提高而造成的。期间，尤其应注意保护子叶，改善光照条件，水肥管理，合理覆土。

抓好生育期管理，包括中耕除草、蓄水保墒、搭架绑蔓、整枝打杈、去掉老叶、通风透光、加强防治病虫害、加强温度管理等措施。其中番茄的病害主要有病毒病、青枯病、早疫病、晚疫病等；虫害主要有棉铃虫、蚜虫等。番茄的病害能防难治，应以防为主。病毒病的防治方法有：选用抗病品种、种子消毒、种生茬地、防治蚜虫、适期早定植等。温度管理方面，白天应适当加大棚室通风量，使棚内温度保持在25 ℃左右。夜间温度保持在10～13 ℃之间。开始放风时，放风口应由小到大，由少到多，午后气温下降后逐渐将风口变小或关闭。

抓好肥水管理。西红柿的生长期在夏、秋雨季一般不需要浇水，但当2～3穗果成熟时遇旱，也应适当浇水。根据西红柿植株生长情况，适时追肥，以促进果实发育，保花保果。一般作底肥可施入金宝贝微生物菌肥，追肥可施入金宝贝壮秧剂和金宝贝增甜灵，使其看上去更加好看和美味。有条件的可追施豆饼、棉籽饼等饼肥。

适时采果。西红柿成熟有绿熟、变色、成熟、完熟4个时期。储存保鲜可在绿熟期采收。运输出售可在变色期（果实的1/3变红）采摘。就地出售或自食应在成熟期即果实1/3以上变红时采摘。采收时应轻摘轻放，摘时最好不带果蒂，以防装运中果实相互被刺伤。初霜前，如还有熟不了的青果，应采下后储藏在温室内，待果实变熟后再上市，这样既延长了供应期，又增加了经济效益。在果实后熟期不宜用激素刺激果实着色，经精选后装箱销售，它的好处在于既降低了生产成本，改善了果品品质，又保障了消费者的食用安全。

五、夏季番茄育苗技术

番茄夏季育苗，目的是为9月上中旬定植提供壮苗。其技术要点如下：

1. 选用良种

选用适应性强、抗病、优质、丰产的矮秧早熟品种，如鲁粉2号、津粉65号、早丰、早魁等。在病毒病发生较重的地区，也可选用强力米寿、强丰、鲁粉1号、双抗2号、中杂4号等中晚熟较抗病毒病的品种。但要适期早播，定植后留2穗果及早打顶。

2. 育苗畦的选择与整理

选择3年内未种过番茄、辣椒等茄科蔬菜且排灌方便的生茬地作育苗畦；在病毒病重发地，育苗畦附近最好没有黄瓜地。育苗箱做成1～1.5 m宽的半高畦，或易于排水的平畦，用充分腐熟的圈肥等做基肥，深翻后耙平。

3. 选择适宜的播种期

北方地区一般以7月下旬至8月初为宜。如播种偏早，苗期高温期太长，则病害重；播种晚，病害虽轻，但定植后果实尚未长大或成熟，天气已转冷，产量较低。病害轻和夏季较凉爽的地区，可适当晚播；选用中晚熟品种的可早播，早熟品种适当晚播。

4. 种子播前处理

播种前3～4天，先将种子用10%磷酸三钠溶液浸种20分钟，钝化种子携带的病毒。后用清水洗净药液，再将种子放入50 ℃温水中，搅拌冷却至30 ℃时，静置浸泡3小时，后将种子捞出沥干，用湿布包好，放在室温下催芽。催芽期每天用清水淘洗1次以防发霉。发芽后，先将育苗畦浇足底水，于下午4～5时播种，播后覆土1～1.5 cm。

5. 播种畦的苗床管理

播种后，在育苗畦上搭凉棚，于晴天上午10时至下午3时，覆盖薄草帘遮阴降温。出苗后及时间苗，并用马拉硫磷或氧化乐果800～1 000倍液每隔5～7天喷1次，防治秧苗蚜虫。苗期干旱，适当浇水；雨涝天可在凉棚上覆盖塑料薄膜防雨。

6. 分苗畦的苗床管理

选择生茬地作分苗畦，畦内施腐熟圈肥作基肥；地力较差时，每个标准畦（33.3 m²）还可掺施1 kg氮、磷、钾复合肥，并深翻畦土，使肥料与土壤混匀，耙平畦面。秧苗达2～3片真叶时进行分苗，苗距10～12 cm。分苗后的缓苗期，中午前后可适当搭棚遮阴。对秧苗生长不宜控制过重，畦土偏干时应酌情浇水，并配合划锄保墒。定植前3～5天，浇水切块，切块后要采取防雨措施，使秧苗能带土定植。

7. 施肥要点

在番茄生产中，应对番茄进行配方施肥。生产100 kg番茄需要氮0.4 kg、磷0.45 kg、钾0.44 kg。按亩产5 000 kg计算，定植前苗施优质有机肥2 000 kg、硫酸铵15 kg、过磷酸钙50 kg、硫酸钾15 kg做基肥。第一穗果膨大到鸡蛋大小时应进行第一次追肥，苗施硫酸铵18 kg、过磷酸钙15 kg、硫酸钾16 kg。第三、四穗果膨大到鸡蛋大小时，应分期及时追施"盛果肥"，这时需肥量大，施肥量应适当增加，每次每亩追施硫酸铵29 kg、过磷酸钙18 kg、硫酸钾20 kg。

针对目前番茄施氮磷化肥用量普遍偏高，造成土壤中氮、磷养分积累，氮、磷、钾养分供应与蔬菜需求的比例失衡，造成土壤质量、蔬菜品质下降等问题，在种植过程中应遵循以下几个原则：

（1）依据土壤肥力条件，综合考虑环境养分供应，适当减少氮、磷亿肥的用量。

（2）老菜棚注意多施含秸秆多的堆肥，少施鸡粪、鸭粪等禽类粪肥，这样可以恢复地力，补充棚内二氧化碳，对除盐和减轻连作障碍等也有好处。

（3）早春温度低，土壤养分供应慢，前期追肥要跟上，5月份以后减少氮肥追肥，增加钾肥的使用；初秋温度高，土壤有机养分供应能力强，以抟为主，不要追肥。

（4）推荐施肥应与合理灌溉紧密结合，建议采用膜下沟灌、滴灌等，每次每亩灌溉不超过30 m^2，沙土不超过22 m^2。

（5）对于越冬长茬的番茄，利用夏季休闲可以种植甜玉米，做到合理轮作，克服连作障碍。

八、病虫防治

1. 番茄花皮的防治

这是一种生理性病害，也叫筋腐病或条腐病或带腐病，主要危害果实，下面就给大家介绍一下，常见的有两种类型。

（1）褐变形

幼果期开始发生，主要危害1到2穗果，在果实膨大期果面上出现局部褐变，果面不平，个别果实呈茶褐色，变硬或出现坏死斑，剖开病果，可发现果皮里的维管束呈茶褐色条状坏死、果心变硬或果肉变褐，失去商品价值。

（2）白变形

主要发生在绿熟果转红的时期，其病症是果实着色不均匀，轻的果形变化不大，重的靠近果柄的部位出现绿色突起状，变红的部位稍凹陷，病部有蜡状光泽，剖开病果可发现果肉呈"糠心"状，果肉维管束组织呈黑褐色，轻的部分维管束变褐坏死，且变褐部位不变红，呆肉硬化，品质差，食之淡而无味。发病重的果实，果肉维管束全部呈黑褐色，部分果实形成空洞，明面红绿不均。

番茄筋腐病一般在茎叶上看不出来，但剖开距根部70 cm处的茎部，可见茎的输导组织呈褐色病变，已遭破坏，导致果实出现上述病状，这是与病毒病不同的地方。

病因：这是一种生理性病害，受害程度取决于品种（大果红番茄万达就不易感染）、日照时数、光照强弱以及土壤中氮、磷、钾的比例。

防治方法：主要是在管理上下功夫，适当增加光照，科学确定播种、定植期，采用配方施肥。已出现上述病状的可以喷多元素肥。

① 物理防治。

高温消毒土垅：利用三夏高温期间进行。春天地拉秧后，先清洁田园，把病残株、病叶、病根消除出田外深埋或烧毁；每亩施石灰50～100 kg和碎稻草（或麦秸）1 000 kg，均匀地施在地表上；深翻土垅66 cm，超高垄33 cm，灌水，使沟始终装满水；铺盖地膜和密闭棚室7～10天，可防治黄瓜枯萎病、疫病、根结线虫病等。

小苏打或高脂膜防治白粉病：白粉病刚刚发生时，喷小苏打500倍液，隔3天喷洒1次，连喷5～6次，既防白粉病，又可分解出二氧化碳，提高黄瓜产量。或用27%高脂乳剂80～100倍液，6天喷1次，连喷4次。

② 生物防治。

防病：对白粉病、炭疽病、黑斑病，初现个别病斑时，可喷2%农抗120或农抗B0～10水剂200倍液，隔6～7天喷1次，连喷4～5次，还可兼治灰霉病、霜霉病。细菌性病害，如角斑病发生初期，可喷农抗751水剂100倍液，隔5～6天喷1次，连喷2～3次。

防虫：黄瓜蚜虫发生时，可喷韶关霉素200倍液，加上0.01中性洗衣粉，或用0.65%茴蒿素200 mL，加60～80 kg水进行喷洒。茶黄螨可喷20%复方刘阳霉素800～1 000倍液，隔6～7天喷1次，连喷2～3次。

③ 药剂防治。

对于已发病的保护地番茄，可选用高效低素残留的农药，进行适当防治。晚疫病可用60%百泰或80%大生M-45可湿性粉剂或72% g露可湿性粉剂；灰霉病用5%灭霉灵粉尘或50%灭霉威或湿性粉剂或50%万霉灵2号1000倍液；角斑病用5%防细菌粉尘或细菌灵；黑星病可用防黑霉粉尘或40%福星乳油；炭疽病用8%克炭灵粉尘或80%炭疽福美可湿性粉剂；蚜虫、白粉虱可用防蚜防虱粉尘或10%吡虫啉可湿性粉剂进行防治。

番茄果实空洞有原因。番茄空洞果是指果皮与果肉胶状物之间有空洞的果实。尽管空洞果对番茄的产量影响不是很大，但会严重影响其商品性，降低其经济效益，在生产中不能不引起重视。

番茄空洞果是一种生理性病害，心室数目少的品种易发生。形成番茄空洞果的原因较多，如喷施激素时间不当、光照不足、结果盛期浇水不足、留果太多、营养物质供应不上等。为避免出现空洞果，栽培中应选用心室较多的番茄品种，并合理使用调节剂，当每个花序有2/3的花朵开放时喷施浓度为15～25 ppm的防落素，注意不要重复使用。此外，在栽培中还应施足基肥，并采用配方施肥技术，结果盛期及时追肥并浇足水，以满足植株对营养的需求。各番茄品种的长势不一，应根据各品种的特性及时掐尖儿，使植株的营养生长和生殖生长平衡发展。

2. 番茄细菌性斑点病防治

番茄细菌性斑点病又叫细菌性叶斑病、细菌性叶斑疹病，近年来呈加重发生趋势，一般减产10%～30%，严重时可达50%以上。危害特点：番茄细菌性斑点病主要危害叶、茎、花、叶柄和果实。

叶片感病，产生深褐色至黑色不规则斑点，直径2～4 mm，斑点周围有或无黄色晕圈。

叶柄和茎干症状相似，产生黑色斑点，但病斑周围无黄色晕圈。病斑易连成斑块，严重时可使一段茎秆变黑。

花蕾受害，在萼片上形成许多黑点，连片时，使萼片干枯，不能正常开花。

幼嫩果实初期的小斑点稍隆起，果实近成熟时病斑周围往往仍保持较长时间的绿色。病斑附近果肉略凹陷，病斑周围黑色，中间色浅并有轻微凹陷。

（1）农业防治

加强检疫，防止带菌种子传入非疫区；选用抗病、耐病品种；建立无病种子田，采用无病种苗；与非茄科蔬菜实行3年以上的轮作；整枝、打杈、采收等农事操作中要注意避免病害的传播；在干旱地区采用滴灌或沟灌，尽可能避免喷灌。

（2）种子处理

用55 ℃温水浸种30分钟，或用0.6%醋酸溶液浸种24小时，或用5%盐酸浸种5～10小时，或用1.05%次氯酸钠浸种20～40分钟。浸种后用清水冲洗掉药液，稍晾干后再催芽。

（3）药剂防治

在发病初期，选用77%可杀得可湿性粉剂400～500倍液、53.8%可杀得2 000干悬浮剂600倍液、20%噻菌铜（龙可菌）悬浮剂500倍液、14%络氨铜水剂300倍液或0.3%～0.5%氢氧化铜溶液进行防治，每隔10天左右喷一次，连喷3～4次。

第三章 白菜类家庭蔬菜栽培技术管理

课程内容及教学要求	活动设计
1. 能了解本地区白菜类蔬菜主要种类及品种特性 （1）能了解本地区白菜主要种类及品种特性； （2）能了解本地区甘蓝主要种类及品种特性 2. 能了解白菜类蔬菜的生育特点及栽培特性 （1）能了解白菜类的生育特点； （2）能了解白菜类的栽培特性 3. 能掌握白菜类的定植、肥水管理、采收等操作 （1）能掌握白菜的定植、肥水管理、采收等操作； （2）能掌握甘蓝的定植、肥水管理、采收等操作	白菜类家庭蔬菜栽培技术：分组进行下列操作 （1）调研白菜类作物（白菜、甘蓝等）的种类和品种与栽培季节的关系。合理选择种类和品种。写出种类和品种、播种期、定植期、收获期，预计大致的产量； （2）对白菜或甘蓝进行定植。具体包括定植前的材料准备、整地作畦、定植； （3）对白菜或甘蓝生长期间进行中耕、肥水管理实训； （4）对采收期的白菜或甘蓝进行采收，掌握采收标准及包装。家庭蔬菜栽培过冬的白菜束叶操作

第五节　菠　菜

菠菜根据种植时间的不同分为秋菠菜、越冬菠菜、春菠菜和夏菠菜等四个种类，并且因为品种的不同，对日照长度感应也不同，植株阶段发育完成后即可抽薹开花，完成其生殖生长。

一、菠菜种植时间

1. 秋菠菜的种植时间

秋菠菜一般在8～9月播种，播后30～50天可分批采收。品种宜选用较耐热、生长快的早熟品种，如犁头菠、华菠1号、广东圆叶、春秋大叶等。

2. 越冬菠菜的种植时间

越冬菠菜通常于10中旬至11月上旬播种，春节前后分批采收，宜选用冬性强、抽薹迟、耐寒性强的中、晚熟品种，如圆叶菠、迟圆叶菠、华菠1号、辽宁圆叶菠等。

3. 春菠菜的种植时间

开春后气温回升到5 ℃以上时即可开始播种，3月为播种适期，播后30～50天采收，品种宜选择抽薹迟、叶片肥大的迟圆叶菠、春秋大叶、沈阳圆叶、辽宁圆叶等。

菠菜

4.夏菠菜的种植时间

夏菠菜往往在5至7月分期播种，6月下旬至9月中旬陆续采收，宜选用耐热性强，生长迅速，不易抽薹的华波1号、春秋大叶、广东圆叶等。

二、整地作畦

选择疏松肥沃、保水保肥、排灌条件良好、微酸性土壤较好，pH为5.5～7。整地时亩施腐熟有机肥4 000 kg，过磷酸钙40 kg，整平整细，冬、春宜做高畦，夏、秋做平畦，畦宽1.2～1.5 m。

三、播种育苗

一般采用撒播。夏、秋播种于播前1周将种子用水浸泡12小时后，放在井中或在4 ℃左右冰箱或冷藏柜中处理24小时，再在20～25 ℃的条件下催芽，经3～5天出芽后播种。冬、春可播干籽或湿籽。亩播种3～3.5 kg。

畦面浇足底水后播种，用齿耙轻耙表土，使种子播入土，畦面再盖一层草木灰。

夏、秋播种后要用稻草覆盖或利用小拱棚覆盖遮阳网，防止高温和暴雨冲刷。经常保持土壤温润，6～7天可齐苗，冬播气温偏低，则在畦上覆盖塑膜或遮阳网保温促出苗，出苗后撤除。

四、管理

秋菠菜出真叶后浇泼1次清粪水。出2片真叶后，结合间苗、除草，追肥先淡后浓，前期多施腐熟粪肥。生长盛期追肥2～3次，每亩每次施尿素5～10 kg。

冬菠菜播后土壤保持湿润。出3～4片真叶时，适当控水以利越冬。出2～3片真叶时，苗距3～4 cm。根据苗情和天气追施水肥，以腐熟人粪尿为主。霜冻和冰雪天气应覆盖塑膜和遮阳网保温，可小拱棚覆盖。开春后，选晴天追施腐熟淡粪水，防早抽薹。

春菠菜前期要覆盖塑膜保温，可直接覆盖到畦面上，出苗后即撤除薄膜或改为小拱棚覆盖，小拱棚昼揭夜盖，晴揭雨盖，让幼苗多见光，多炼苗，并及时间苗。追施肥水，前期以腐熟人畜粪淡施、勤施，后期尤其是采收前15天要追施速效氮肥。

夏菠菜出苗后仍要盖遮阳网，晴盖阴揭，迟盖早揭，以利降温保温。苗期浇水应是早晨或傍晚进行小水勤浇。出2～3片真叶后，追施两次速效氮肥。每次施肥后要浇清水，以促生长。

五、病虫防治

蚜虫用40%乐果1 000倍液，或50%抗蚜威2 000～3 000倍液喷雾。潜叶蝇用50%辛硫磷乳油1 000倍液，或80%敌百虫粉剂1 000倍液喷雾。霜霉病用58%雷多米尔500倍液，或75%百菌清600倍液喷雾。炭疽病用50%甲基托布津500倍液，或50%多菌灵700倍液喷雾防治。

六、采收留种

一般苗高10 cm以上即可分批采收。一次性采收前15天左右，可用15～20 mg/kg的九二〇喷洒叶面，并增施尿素或硫铵，可提早收获，增加产量。

留种用菠菜的播期可较越冬菠菜稍迟。条播，行距20～23 cm。春季返青后，陆续拔除杂株及抽薹早的雄株，留部分营养雄株，使株距达20 cm左右。抽薹期不宜多灌水，以免花薹细弱倒伏，降低种子产量。开花后追肥、灌水、叶面喷1%～2%过磷酸钙澄清液，使种子饱满。雄株结种子后拔除雄株，以利通风透光。茎、叶大部枯黄、种子成熟时收获，熟后数日脱粒。

第六节 菜薹

  菜薹，又称之为菜心、菜花。一年或两年生草本，高30～50 cm，全体无毛；茎直立或上升。起源于中国南部，是由白菜易抽薹材料经长期选择和栽培驯化而来，并形成了不同的类型和品种。我国主要分布在广东、广西、台湾、香港、澳门等地。

  20世纪后叶日本引种成功。菜心是中国广东的特产蔬菜，品质柔嫩、风味可口，并能周年栽培，故在广东、广西等地为大陆性蔬菜，周年运销我国香港、澳门等地。还有少量的远销欧美名国，被广大消费者视为名贵蔬菜。

菜 薹

一、形态特征

菜心为十字花科芸薹属芸薹种白菜亚种中以花薹为产品的变种。

1. 根

浅根系，须根多，再生能力较强。

2. 茎

抽薹前短缩，绿色。抽生的花薹呈圆形，颜色为黄绿或绿色。

3. 叶

宽卵圆形或椭圆形，绿色或黄绿色，叶缘波状，基部具有裂片或无，或叶翼延伸，叶脉明显。叶柄狭长，有浅沟，横切面为半月形，浅绿色。花茎上的叶片较小，卵形或披针形，下部的叶柄短，上部无叶柄。

4. 花

总状花序，完全花，具分枝。花冠黄色，十字形。雄蕊为四强雄蕊，雌蕊为合生雌蕊。上位子房，侧膜胎座。

5. 果

长角果，两室，成熟时黄褐色。种子近圆形，颜色为褐色或黑褐色，千粒重1.3～1.7 g。

二、生长习性

1. 温度条件

菜心喜温和气候，温度过高或过低，会导致菜薹纤细，产量低，质量差。

菜心生长发育的适温为15～25 ℃。不同生长期对温度的要求不同，种子发芽和幼苗生长适温为25～30 ℃；叶片生长期需要的温度稍低，适温为15～20 ℃，20 ℃以上生长缓慢，30 ℃以上生长较困难。菜薹形成期适温为15～20 ℃，在昼温为20 ℃，夜温为15 ℃时，菜薹发育良好，约20～30天可形成质量好、产量高的菜薹；在20～25 ℃时，菜薹发育较快，只需10～15天便可收获，但菜薹细小，质量不佳。在25 ℃以上发育的菜薹质量更差。

2. 日照条件

菜心属长日照植物，但多数品种对光周期要求不严格，但充足阳光会有利于其生长发育。在肥沃疏松的壤土上生长良好。花芽分化和菜薹生长快慢主要受温度影响。

3. 再生能力强

菜心生长迅速，因有再生能力，所以，一般掐掉一截后，会在周边再长出一截或者是几截。不过一般比较小。

三、菜心的几个个体发育时期

幼苗具2～3片真叶时开始花芽分化，现蕾以前以叶片生长为主，菜薹发育缓慢；现蕾后，菜薹迅速生长。菜薹形成期，节间迅速伸长和增粗。在适宜条件下，主薹采收后还抽生侧薹，侧薹采收多少因品种、栽培季节及栽培条件而异。

菜心的个体发育为下列几个时期：

（1）种子发芽期：种子萌动至子叶展开，需5～7天。

（2）幼苗期：第一真叶开始生长至第五片真叶平展，需14~18天。

（3）叶片生长期：第六片真叶至植株现蕾，需7~21天。

（4）菜薹形成期：从现蕾至菜薹采收，需14~18天。

（5）开花结果期：初花至种子成熟，需50~60天。

不同品种的生育期长短不同，早中熟品种40~45天；晚熟品种叶片生长期和菜薹形成期较长，生育期为50~70天。

四、起源与分布

菜心起源于中国南部，长期以来，形成了不同的类型和品种。20世纪后叶日本引种成功。

菜心是中国广东的特产蔬菜，除运销我国香港、澳门等地后，成为出口的主要蔬菜。还有少量的远销欧美各国，视为名贵蔬菜。

菜心在北京、上海、杭州、成都、济南等地均有少量栽培，各地也没有大量食用习惯，仍列为稀特蔬菜。

五、营养价值与用途

菜心品质柔嫩，风味可口，营养丰富。每千克可食用部分含蛋白质13~16 g、脂肪1~3 g、碳水化合物22~42 g，还含有钙410~1350 mg、磷270 mg、铁13 mg。

胡萝卜素1~13.6 mg、核黄素0.3~1 mg、烟酸3~8 mg、维生素C790 mg。

菜心可炒食。煮汤及加工出口。主要出口我国港、澳及欧美各国等地。

六、种类与品种

1. 按生长期和对栽培季节的适应性划分类型

按生长期长短和对栽培季节的适应性分为早熟、中熟和晚熟等类型。

（1）早熟类型

植株小，生长期短，抽薹早，菜薹细小，腋芽萌发力弱，以采收主薹为主，产量较低。较耐热，对低温敏感，温度稍低就容易提早抽薹。

（2）中熟类型

植株中等，生长期略长，生长较快，腋芽有一定萌发力，主薹、侧薹兼收，以主薹为主，质量较好，对温度适应性广，耐热性与早熟种相近，遇低温易抽薹。

（3）晚熟类型

植株较大，生长期较长，抽薹迟。腋芽萌发力强，主侧薹兼收，采收期较长，菜薹产量较高，不耐热。

2. 栽培较多的品种

目前栽培较多的品种有：

（1）四九菜心

广东省地方品种，早熟类型。植株直立。叶片呈椭圆形，颜色为黄绿色，叶柄为浅绿色。主薹高约22 cm，横径1.5～2 cm，颜色为黄绿色，侧薹少。早抽薹。品质中等。耐热、耐湿、抗病，适于高温多雨季节栽培。播种至初收需28～38天，连续收获10天左右。

（2）萧岗菜心

广东省地方品种，早熟类型。植株直立。叶片呈卵形，颜色为黄绿色。抽薹早，主薹高约25 cm，横径1.3～2 cm，薹叶狭卵形，易抽侧薹。品质优良，耐热性较弱。播种至收获需35～40天，连续收获10～15天。

（3）一刀齐菜心

上海市宝山区特产。植株高约48 cm，叶片呈卵圆形，颜色为绿色，叶面平滑，无茸毛，全缘。叶柄细长，浅绿色。主薹绿色，只收主薹。该品种抗寒力中等，侧枝生长势极弱。品质佳，味鲜美，纤维少，质地嫩脆。

（4）青柳叶菜心

广州品种，中熟类型。植株直立，叶片呈卵形，颜色为青绿色，叶柄为浅绿色。主薹高32 cm，横径2 cm，颜色为青绿色。薹叶卵形，易抽侧薹。品质优良。适于秋天生长，不耐高温多雨。播种至初收需50天，连续收获30～35天。

（5）大花琼菜心

广州地方品种，晚熟类型。株形较大，叶片呈卵形或宽卵形，颜色为绿色或黄绿色，叶柄颜色为浅绿色。抽薹较慢，主薹高36～40 cm，横径2～2.4 cm，颜色为黄绿色。易抽侧薹，品质较好。可连续收获30天左右。

（6）三月青菜心

广州地方品种。晚熟品种。植株直立，叶片宽卵形，颜色为青绿色，叶柄颜色为绿白色。抽薹慢，主薹高30 cm，横径1.2～1.5 cm，侧薹少。品质中等。该种冬性强，不耐热。播种至初收需50～55天，延续收获10～15天。一般每公顷产11 200～15 000 kg。

（7）柳叶晚菜心

广西柳州地方品种。植株高大，腋芽萌发力强，是大型品种。该种晚熟，冬性较强。生长期为100～120天。每公顷产3 700 kg左右。

七、栽培季节

在不同的地区，品种不同，栽培时间也不相同。长江流域及以南地区，早熟品种从4～8月均可播种。播种后30～45天开始采收，5～10月为供应上市期。中熟品种从9～10月播种，播种后40～50天收获，采收供应期为10月至翌年1月。晚熟品种从11月至翌年3月播种，播种后45～55天开始收获，采收供应期为12月至翌年4月。江南地区菜心基本上实现了"四季播种、周年供应"的目标。

华北地区露地栽培分春、秋两季。春季栽培早、晚熟品种均可，3～4月播种，4月下旬至6月初采收。秋季露地栽培中、早熟品种，8～9月播种，9～11月采收。保护地栽培晚熟品种，于10月至翌2月播种，播种后2个月即可开始采收。在华北地区菜心也基本实现了周年供应。

1. 春季栽培技术

华北地区菜心春季栽培是供应春末夏初的蔬菜淡季，对丰富市场蔬菜花色有很大作用。

（1）育苗

菜心可以直播，也可以育苗。为节省土地，以育苗为宜。

苗床应建在前一年未种过十字花科作物的地块上，宜选用沙壤土或壤土，每公顷施45 000 kg腐熟的有机肥，浅翻，耙平，做成平畦。

播前灌大水，水渗下后，撒种。每公顷苗床用种量7.5～10.5 kg。可移栽0.6～1公顷。撒种后覆土0.5～1 cm。

苗出齐后，立即间苗。拔除并生、拥挤、过密的小苗。在第一片真叶展平前，共间苗2～3次。最后保持苗间距3～5 cm，使幼苗有足够的营养面积，防止过密发生徒长。第一片真叶展开时追一次肥，每公顷施尿素150 kg；也可追施人粪尿液，每公顷7 500～10 000 kg，促进幼苗生长。

苗期保持土壤见干见湿，每5～7天浇一次水。

定植时秧苗的形态是：有叶片4～5片，苗龄18～22天，根系发达完整。

（2）定植

栽培地应选肥沃疏松的壤土或沙壤土，每公顷施腐熟的有机肥

45 000 ~ 75 000 kg，或人粪尿22 500 kg。深翻后，做成平畦。定植期很晚时，也可做成高畦，以利生长后期雨季防涝排水。

定植的株行距，早熟品种为13 cm×16 cm，晚熟品种为18 cm×22 cm。定植时应小心少伤根系，以利成活缓苗。定植后及时灌水。

（3）管理

菜心缓苗快，生长迅速，需肥量大，应及时追肥。幼苗定植后2~3天发新根时，结合浇水，追施第一次肥料。每公顷施腐熟的人粪尿液7 500~15 000 kg，或尿素150 kg，促进秧苗迅速生长。植株现蕾时，追人粪尿每公顷7 500~15 000 kg，或尿素150~225 kg，促进菜薹迅速发育。在大部分主菜薹采收后追施第三次肥料，每公顷施人粪尿15 000 kg，或尿素150~300 kg，以促进侧薹的发育。

生长期每3~5天浇一次水，保持土壤湿润。勿使干旱影响菜薹生长发育，并降低产品质量。

（4）采收

菜心可收主薹和侧薹。一般早熟种生育期短，主薹采收后不易发生侧薹。中晚熟种主薹采收后，还可发生侧薹。主薹采收的适期为菜薹长到叶片顶端高度时，先端有初花时，俗称"齐口花"，为适宜的采收期。如未及齐口花采收，则薹嫩，而产量降低；如超过适宜的采收期，则薹太老，质量降低。优质的菜薹形态标准是：薹粗、节间稀疏、薹叶少而细，顶部初花。

早熟品种只采收主薹时，采收节位应在主薹的基部。中晚熟品种易发生侧薹，采收时在主薹基部留2~3叶摘下主薹，使再萌发侧薹。留叶不能太多，否则侧薹太多，薹纤细，质量下降。

2. 秋季栽培技术

在华北地区菜心秋季栽培在8~9月播种，9~11月收获上市。由于菜心生长后期，天气凉爽，适合菜心生长发育的要求，故品质优良，很受消费者欢迎。

（1）育苗

秋季栽培的育苗期正值雨季，为防大雨后涝害，育苗畦应做成宽1.2~1.5 m，高15~20 cm的小高畦。其他苗期管理与春季栽培相同，苗龄20天即可定植。

（2）定植

定植较早时，为防涝害可做成小高畦；定植晚时，雨季已过，可做成平畦。定植密度为13 cm×15 cm。其他事项同春季栽培。

（3）管理

秋季栽培时，外界气温很高，土壤蒸发量很大，植株生长迅速，因此，应及时浇水，保持土壤湿润。一般2～3天浇一次水，勿使土壤干旱。进入10月至11月，气温渐下降，方可适当少浇水，每5～7天浇一次为宜。

生长期追肥与春季栽培相同。前期应及时人工除草，防止发生草荒。

秋季病虫害发生严重，应及时防治。详见病虫害防治部分。

（4）采收

秋季栽培菜心只收主薹，收后即铲除。收获方法同春季栽培。

3. 越冬栽培技术

随着保护地栽培的迅速发展和人们对稀特蔬菜周年供应的需求，菜心的越冬栽培也逐渐发展起来。通过越冬栽培，菜心可以从初冬一直供应到翌年春季，是菜心四季生产、周年供应重要的一环。其成本虽高，但经济效益却十分显著。

（1）栽培时间及设施

由于菜心较耐寒，加上栽培的经济效益不如黄瓜、番茄等高，所以，一般利用保温性能稍差、造价较低的日光温室，如塑料大棚、中棚、小棚、风障阳畦等。

利用日光温室栽培时，可于10月至2月任何时间播种，从12月至4月收获上市。利用风障阳畦或有草苫子覆盖的塑料棚进行小棚栽培时，播种时间和收获时间与日光温室基本相同，唯因温度条件稍低，故生长期稍长一些。利用塑料大棚无草苫子覆盖时，于10月播种，12月上旬收获，或于2月播种，3月收获。

（2）育苗

菜心越冬栽培一般采用高产、质优的晚熟品种。因苗期正值寒冬，故育苗畦应建在风障阳畦或日光温室内。苗期温度保持白天15～20 ℃，夜间10～12 ℃。防止冬季出现0 ℃的低温发生冻害，也要防止早春。初冬晴暖天气出现的25 ℃以上高温将造成徒长，会降低菜薹的品质。

苗期因气温低、蒸发量小，不用多浇水。一般在播种时浇透了水，整个苗期可不用浇水，不浇水也不用追肥。其他管理同春季栽培。冬季育苗苗龄25～30天，幼苗4～5片叶。

（3）定植

保护设施内每公顷施腐熟的有机肥45 000～75 000 kg。于定植前15～20天扣严塑料薄膜，夜间加盖草苫子，尽量提高地温。选晴头寒尾的晴暖天气上午定植，定植株行距为18 cm×22 cm。其他事项同春季栽培。

（4）管理

菜心在冬季栽培，由于气温低、蒸发量小，加上保护设施内空气湿度大，所以应少浇水。只要土壤湿润就不用浇水，一般10～15天浇一次水。1月也可不浇水。结合浇水追2次肥，追肥以化肥为主，少施有机肥。次数与春季栽培相同。

（5）收获

菜心越冬栽培收获标准与春季栽培相同。但是，在春节前上市时价格最高，故收获时，应以市场价格为依据。只要市场价格高，可适当提早或延后收获。

4. 周年多茬栽培技术

菜心春季栽培一般利用春闲地，也可利用菠菜、莴苣等耐寒蔬菜收获后的空闲地。收获后可做秋菜的栽培利用。在茄果类或瓜类蔬菜春茬收获后，可用于菜心的秋季栽培。菜心的前茬和后茬以茄果类、瓜类等蔬菜为宜，不宜与十字花科蔬菜为前后茬。

在越冬栽培中，一般是秋延迟番茄或黄瓜收获后，在寒冬种一茬菜心。菜心收后接种春早熟黄瓜或番茄。这样可根据菜心耐寒的特性，充分利用保护设施中温度较低的季节。

第七节　球形生菜

　　球形生菜为菊科莴苣属1或2年生草本植物半结球莴苣（Lactuca sativa Linn）或结球莴苣（Lactuca Sativa L.var. capitata L）。可长到0.25～0.8 m高，茎中空，有乳汁，叶子的形状多数呈扁长形，从较典型的长椭圆形、披针型到线形。花期7月至8月，种子成熟期为8月至9月。

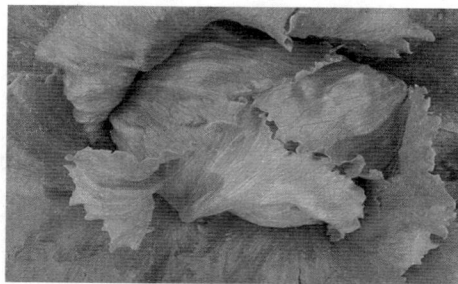

结球生菜

　　莴苣属菊科，叶用莴苣以新鲜嫩叶供食，外销以结球为主。生菜为直根系，分布浅，吸水肥能力弱，结球莴苣的球形有圆形、扁圆形、圆锥形、圆筒形，质地柔嫩，为主要食用部分。

一、对环境条件的要求

1. 温　度

　　结球生菜为喜冷凉、忌高温作物，种子在4 ℃以上可发芽，以15～20 ℃为发芽适温。幼苗能耐较低温度，在日平均温度12 ℃时长势良好，叶球生长最适温度为13～16 ℃。不过目前有些结球生菜的品种可耐高温，但在雨季前最好能及时采收。

2. 光　照

结球生菜为长日照作物，在生长期间需要充足的阳光。光线不足易导致结球不整齐或结球松散。

3. 土　壤

虽然叶用生菜对土壤适应性较广，但为了获得良好的叶球，结球生菜必须选择肥沃的壤土或沙壤土，若土壤偏砂瘠薄、有机肥施用不足，易引起各种生理病害的发生。

4. 水分结球生菜

根系入土较浅，在结球前要求有足够的水分供应，经常保持土壤湿润。结球后要求较低的空气湿度，若土壤水分过多或空气湿度较高，极易引起软腐病。

二、品　种

生产中多选择耐热、早熟的品种，如皇帝、京优1号。如要求叶球绞大，可选用阿尔盘中熟品种。

三、栽培技术

1. 播种期的选择

结球生菜喜低湿度及冷凉的环境，秋季栽培播种期为9月下旬至11月中旬。也可以在早春保护地育苗，4月下旬至5月中旬定植。

2. 播种育苗

先将种子浸几分钟后用湿布包起来，注意通气，放于15～20 ℃环境中催芽，经2～3天发芽即可播种。营养杯育苗法用种量少，苗成活率高，苗壮，而且定植时保持根系完好，定植后生长快，包心早。营养杯育苗土配方为泥土6份、堆肥3份、谷壳（或蛭石）1份，并加入少量硼砂，混匀后入杯。每杯播2～3粒种子。播后覆盖1层薄土，再盖稻草，淋足水分。另外，有的地区用穴盘育苗，成苗效果也很好。

3. 苗期管理

播后2～3天出芽即可揭去稻草，揭草不及时易产生高脚苗。夏季播种育苗，要搭阴棚，既可防雨水冲击，又可遮阴。出苗后，每天早、晚淋水。播后约2周进行间苗，除去弱苗、高脚苗，保留1株健壮的苗。苗龄15天后可施稀薄尿素，一般苗期为25～30天。

4. 整地定植

定植前细致整地，施足基肥，使土层疏松，以利根系生长和须根吸收肥水。早熟种采用双行栽植，行距35 cm，中熟种及晚熟种适当疏植，以便充分生长。可采用高畦栽培，行距40 cm，株距30～35 cm，亩植3 000～3 700株。定植后3～4天，每天早、晚适量浇水，以提高成活率。若发现缺株，应及时补苗。

5. 管 理

结球生菜生长期较长，要分几次追肥，一般7～10天追肥1次。定植后4～6天薄施速效氮肥，以促进根和叶生长。开始包心时，要增施钾肥。在植株封行前，要施重肥，每亩用复合肥20 kg加氯化钾7.5 kg，可在两行之间开浅沟施入，再覆土，避免肥料接触根系。定植至开始包心（莲座期）可用淋灌或浇灌，保持土壤湿润。进入莲座期，要严格控制水分，避免病害发生。结球期忌畦面积水或植株接触水分，故不可采用淋水或喷灌，可采用"跑马式"沟灌或在行间淋水。采收前15天应进行控水。结球生菜根系浅，中耕不宜太深，以免损伤根系，中耕应在植株封行前进行。日本大面积栽培结球生菜时，采用覆盖黑色地膜方法，对于降温及保湿、防止肥料流失及杂草产生有很好的效果。

6. 采 收

结球生菜从定植至采收，早熟种约55天，中熟种约65天，晚熟种75～85天。但以提前几天采收为好。采收标准，可用两手从叶球两旁斜按下，以手感坚实不松为宜。收获前15天控水。收获时选择叶球紧密的植株自地面割下，剥除老叶，留3～4片外叶保护叶球，或剥除所有外叶，用聚苯乙烯薄膜进行单球包装，并及时转入冷藏车厢运出销售，运储适宜温度为1～5 ℃。

第八节　春　菜

　　春菜是莴苣属的一种蔬菜（不过除了植物学家，通常人们说的莴苣是莴笋，与植物学上的分类——莴苣属不同）叶子占了大部分，茎很短，被叶子遮住了。长成球的样子的春菜又称为结球莴苣、结球生菜。莴苣的很多别称，比如，莴笋、春菜、生笋、千金菜、茎用莴苣、青笋、莴菜、香马笋，是莴苣的不同部位的俗称。

春　菜

一、栽培技术

1. 灭虫灭鼠

　　在翻地之前，用杀灭菊酯或氯氰菊酯或一扫除15 ml，兑水15 kg喷雾灭虫，喷药之后严禁牧禽接近。凡属果菜菜地必须在挂果前半个月灭鼠，豆类、瓜类菜地必须在播种前7～15天灭鼠。急性鼠药可用猫王，慢性鼠药可用大卫、敌鼠钠盐拌谷或拌豆角、瓜子等。

2. 翻地做畦施肥

　　对于未种过菜的菜地或原来种过菜而没有下过石灰的地块，要求每亩撒石灰75 kg再进行翻地，石灰与化肥不能同时施下。翻地要求二犁二耙，再用羊角锄挖一次，达到土碎畦平。茄果类蔬菜（辣椒、茄子、西红柿）要求亩施人畜粪40担，三元复合肥50~60 kg（不含氯），硫酸钾15 kg，最好再按每亩施稀土、锌肥和硼肥各2斤，另加磷酸二氢钾5~10 kg。具体的施肥方法是：三元复合肥每亩25~30 kg，在翻第二次地时满田撒施，再翻入土中，也可在做畦之前先撒施再做畦，另按每亩25 kg磷肥和三元复合肥7 kg放入穴内，移栽时拌匀再定植，其余肥料在畦中央开一条深约4寸的沟施入后再行覆土。

要做到深沟、窄畦、破老底，辣椒、西红柿畦宽2.6尺，子沟宽深均1.2尺，最浅不得低于8寸，边沟与腰沟的宽深分别为1.4尺、1.6尺，行株距1.4尺×1.2尺，茄子畦宽1 m，行株距1.5尺×1.4尺，畦做成龟背形，如做畦后天气不好不能定植，用微膜覆盖，以防止打湿和养分流失，待天气好转再行定植。

3. 移 栽

（1）炼苗

为使秧苗适应外界环境，看准天气预报进行炼苗，一般在移栽前7天进行，对于在大棚内育成的秧苗，晚上气温在8℃以上要进行通风炼苗，棚膜与内膜均可四周通风，晚上温度在8℃以下，棚膜要封闭而内膜可不盖，温度在3℃以下，则参照冬季秧苗进行管理。

（2）打药

秧苗移栽前3天打好送嫁药，用杀菌亡每包兑水50 kg或克病威每包兑水15 kg，同时可按每15 kg加1包乐斯本杀灭蚜虫。为使栽后恢复生长，缩短缓苗期，移栽前两天用根旺1包兑水20 kg喷雾（根旺即生根粉，要用酒精或50°烧酒溶化后再兑水），无论打药追肥，都要喷到叶的正反面及兜部，最好在晴天上午10时左右进行此项工作。

（3）移栽到大棚或大田

秧苗移栽前一天下午要浇透水，要选择连续几个晴天进行移栽。一般4月移栽比较安全，如果3月中旬移栽到大田要采取双膜覆盖，且最好移栽营养钵育的苗。要边移栽边浇水边盖膜（移栽到大田的除盖微膜外，还要再盖一层中膜），也可用30%腐熟人畜粪水，加20%井冈霉素（每包井冈霉素兑水400 kg，即先用井冈霉素1包兑水16酒盅，然后每桶粪水中加1盅），以防止立枯病和白绢病的发生。

二、管　理

晴天20℃以上的上午10时至下午3时半揭开棚帐通风，低于20℃或阴雨天三天之内不揭膜通风，如果气温低于0 ℃应添加覆盖物保温。移栽后第10天转入正常管理，农膜做到早揭晚盖进行通风，早晚经常检查，特别是大雨、大风天气，防止大风把膜揭掉。

要及时防治蚜虫，为促进根系发育和肥料吸收，栽后7天用甲霜灵锰锌30 g加绿色血脉半包加磷酸二氢钾50 g兑水15 kg喷雾，为提早上市，对茄果类蔬菜必须做好整枝工作，一般在晴天上午9时以后进行，辣椒三杈以下的侧枝必须摘除，茄子同样处理，西红柿必须双杆整枝，其余侧枝嫩芽必须清除，清除侧枝侧芽的同时要喷农用链霉素，1包兑水30 kg左右，或0.1%高锰酸钾喷雾消毒。

三、栽培要点

1. 育苗须知

莴苣种子小，顶土能力弱，一般采用育苗移栽。苗床要整平、耙细，覆盖土要过筛，利于保湿和幼苗出土。如能采用蛭石、珍珠岩、细炉碴等轻质基质进行无土育苗则更好。无土育苗出苗快、齐，且出苗率高。

育苗期，因地区和栽培方式不同而异。山东各地春季露地栽培一般于2月中、下旬阳畦播种育苗较适宜。秋季露地栽培，以8月中、下旬播种育苗为宜。此期正值夏秋之交，天气炎热，种子难以发芽，需浸种后在15 ~ 20 ℃条件下催芽播种，或用植物激素处理种子，如细胞激动素100 mg / L（100 ppm）溶液浸种3分钟或赤霉素1 000 mg / L（1 000 ppm）溶液浸种2 ~ 4小时，催芽效果良好。

莴苣播种方法宜用撒播法。播前要浇足底水，播后覆盖1 ~ 1.5 cm厚的细土。夏、秋育苗还需注意伤雨和遮阴降温；春季播种后注意覆盖塑料薄膜保温防寒。当幼苗长出3片真叶时，可按株行距6 ~ 8 cm分苗。苗床温度白天控制在18 ~ 20 ℃，夜间控制在12 ~ 14 ℃为宜。春季育苗苗龄为45天左右，夏、秋季约为25天。

2. 定植要点

定植前结合整地作畦，施足基肥。当幼苗长至5 ~ 6片真叶时定植，多平畦栽培。栽培密度依品种而定，平均株行距为30 ~ 40 cm。早熟品种，植株开展度偏小，可适当密植，以30 cm左右为宜；中、晚熟品种因植株较大，行株距35 ~ 40 cm。带土坨定植，定植深度与土坨与地平面齐为宜。栽后及时浇水，促使其迅速缓苗。

3. 肥水管理

春季栽培前期少浇水，及时中耕，以提高地温，促进生长。秋季栽培可适当浇水，并配合中耕保墒。生长期间，可结合浇水分期追施速效化肥，使土壤见干见湿，促进根系扩展及莲座叶生长。中、后期为使莲座叶保持不衰和球叶迅速抱合生长，形成紧实叶球，需不断均匀供水，以免引起叶球开裂或球叶开张生长。缺钾地块，此期应追施钾肥，采收前数天停止浇水，利于收后储运。

4. 防治病虫

结球莴苣的主要病害有霜霉病、软腐病、菌核病等。主要害虫有蚜虫、地老虎等。需注意观察，发现病虫害及时喷药防治。

5. 防止结球异常

结球莴苣结球不稳定，容易受不良环境条件的影响而产生结球异常现象。常发生的异常现象主要有不结球、笋形球和球叶中肋突起等。

不结球是由于早春低温抑制莲座叶肥大，使心叶直立，不进入结球阶段。一般晚熟品种易产生不结球，而早熟品种不结球现象较少；笋形球是指进入结球始期，气温突然升高，也易形成笋形球；球叶中肋突起常表现在结球中期，由于受高温影响，莲座叶生长不充分，或其他原因造成莲座叶生长受阻，易产生球叶中肋突起。

四、收获须知

结球莴苣适收期短，要适时抢收。过早采收影响产量；过迟采收则缩短茎伸长，叶球变松，降低品质。

第九节 空心菜

空心菜（蕹菜，拉丁文名：Ipomoea aquatica Forsk），是旋花科，甘薯属植物，又名藤藤菜、蓊菜、通心菜、无心菜、瓮菜、空筒菜、竹叶菜，节节菜。开白色喇叭状花，其梗中心是空的，故称"空心菜"。中国南方农村普遍栽培作蔬菜。

空心菜

该种原产中国，现已作为一种蔬菜广泛栽培，或有时逸为野生状态。中国中部及南部各省常见栽培，北方比较少，宜生长于气候温暖湿润，土壤肥沃多湿的地方，不耐寒，遇霜冻茎、叶枯死。分布遍及热带亚洲、非洲和大洋洲。除做蔬菜食用外，尚可药用，内服解饮食中毒，外敷治骨折、腹水及无名肿毒。蕹菜也是一种比较好的饲料。

蕹菜原来仅于中国南方地区种植，北方各省新引进地区都称空心菜。一年生或多年生草本植物。以嫩茎、叶炒食或做汤，富含各维生素、矿物盐，是夏、秋季很重要的蔬菜。

夏、秋季节主要绿叶菜之一。在空心菜的嫩梢中，钙含量比西红柿高12倍多，并含有较多的胡萝卜素。

一、形态特征

蔓生，茎呈圆柱形，节明显，节上生根，节间中空，无毛。单叶互生；叶柄长3～14 cm，无毛；叶片形状大小不一，卵形、长卵形、长卵状披针形或披针形，长3.5～17 cm，宽0.9～8.5 cm，先端锐尖或渐尖，具小尖头，基部心形，戟形或箭形，全缘或波状，偶有少数粗齿，两面近无毛。聚伞花序腋生，花序梗长1.5～9 cm，有1～5朵花；苞片小鳞片状；花萼5裂，近于等长，呈卵形，花冠颜色为白色、淡红色或紫红色，漏斗状，长3.5～5 cm；雄蕊5枚，不等长，花丝基部被毛；子房呈圆锥形，无毛，柱头头状，浅裂。蒴果卵呈圆形至球形，无毛。种子2～4颗，多密被短柔毛。花期为夏、秋季。

二、生长习性

蕹菜须根系，根浅，再生力强。旱生类型茎节短，茎扁圆或近圆，中空，浓绿至浅绿。水生类型节间长，节上易生不定根，适于扦插繁殖。子叶对生，马蹄形，真叶互生，长卵形，圳心脏形或披针形，全缘，叶面光滑，浓绿，具叶柄。聚伞花序，一至数花，花冠漏斗状，完全花，白或浅紫色。子房二室。蒴果，含2～4粒种子。种子近圆形，皮厚，黑褐色，千粒重32～37 g。蕹菜性喜温暖温润，耐光，耐肥。生长势强，最大特点是耐涝抗高温。在15～40 ℃条件下均能生长，耐连作。对土壤要求不严，适应性广，无论旱地水田，沟边地角都可栽植。夏季炎热高温仍能生长，但不耐寒，遇霜茎叶枯死，高温无地区可终年栽培。蕹菜品种分为子蕹和藤蕹两类。蕹菜属高温短日照作物，在江淮流域子蕹能开化结籽。而藤蕹对短日照要求严格，在江淮流域不能开花结籽，只能用无性繁殖。

三、功能主治

以全草及根入药。夏秋采，鲜用或分别晒干。清热解毒，利尿，止血。用于食物中毒、黄藤、钩吻、砒霜、野菇中毒，小便不利，尿血，鼻衄，咳血；外用治疮疡肿毒。

四、各地名称

在成都、江苏称藤藤菜，在四川叫钢管菜或藤藤菜。湖北称竹叶菜，在贵州称筒菜，在湖南又叫猪菜或耳朵菜，在隆昌称为过河菜，在广东称通菜，在上海、长沙、福建称蕹荬。在其他地方又名藤菜、瓮菜、无心菜、空筒菜、蕨菜，栽培于水田、池沼的称为水蕹菜，新加坡英文中称作angkong。广西及北方各省的新引进地区都称"空心菜"。

五、地理分布

我国长江流域至广东等地均有栽培。

六、栽培技术

蕹菜是一类既可生活于旱地又可生活于水田的水陆两栖性植物，但还是水分较多时生长旺盛，最适宜在肥水田或畜舍附近的经常排粪水的田中种植。较肥的旱地也能种植，在旱地种植能促进其多结种子，所以，留种时可在旱地栽培。

蕹菜对土壤的适应性强，既耐肥，又耐渍，也有一定的耐瘠性，但在人工栽培条件下，为了达到高产，以富含有机质的黏壤或壤土栽培为最适。蕹菜不耐旱。

蕹菜种子在15 ℃左右开始发芽，生长适温为20～35 ℃，种蔓腋芽萌发初期温度达30 ℃以上时，萌芽快。光照要充足，但对密植的适应性较强，属短日照型，特别是藤蕹比子蕹对短日照要求更严，日照稍长就难以开花、结实，故常用无性繁殖。

蕹菜分旱栽和水植两种栽培方式。北方以旱栽为主；南方旱栽、水植并存。早熟栽培以旱栽为主，中、晚熟栽培多数为水植。

1. 旱蕹菜栽培技术

（1）播种、育苗与定植

旱蕹菜可露地直播，也可育苗移栽。华北地区圳地播种一般在4月中旬前后陆续进行，可一直延续到3月份。若利用保护设施，播种期可提前。露地直播采用条播或点播，行距30～35 cm。点播穴距15～20 cm，每穴点种子二三粒。直播亩用种量为10 kg左右，当苗高3 cm左右便可分批进行间苗，最后按15～20 cm距离定植。

育苗移栽多采用平畦育苗，撒播。每亩苗床用种量为18 kg左右，可定植10～15亩。

蕹菜种子种皮厚而坚硬，吸水慢。早春气温低，出苗缓慢。如遇低温多雨天气，容易造成烂种，所以应于播种前浸种（约浸24小时）催芽，播后盖细土1 cm厚，以利种子出芽和扎根，并覆塑料薄膜提温保温，待苗出土后撤膜。5～7天后出苗。当苗高15～20 cm时分批取大苗移栽定植。定植株行距为15～20 cm左右，每穴1～2株。

（2）无性扦插

凡不能开花结实的品种，只能进行无性扦插繁殖。蕹菜易发不定根，故无性繁殖易成活。具体方法不一。有些地方是将前一年留好的种蔸直接栽植于大田，幼苗长出35 cm以上时进行压蔓，以便再发新根，促发新苗。以后经常压蔓，直到布满全田，再分期、分批采收上市或移栽。也可将前一年留下的藤茎置于20～25 ℃的温暖苗床催芽，苗高10～20 cm时扦插在背风向阳、温暖肥沃的土壤之中，以扩大繁殖系数，然后扦插于本田。

（3）肥水管理

旱栽宜选择地势低，土壤湿润而肥沃的地块栽培。定植活棵后，除要中耕除草，以利提高地温外，还要施追肥。定植1个月后，进入夏季，气温升高，植株生长迅速，需肥需水量大，要勤追肥、勤浇水。

肥料以追施衡薄人粪尿和速效氮肥为主，追肥浓度不能过高，以免烧苗，应掌握先轻后重的原则。土壤要经常保持湿润状态。尤其是高温干旱的季节，要勤浇水、浇足水。为促使茎叶迅速生长，提早采梢上市，可用20 ppm赤霉素对幼苗进行叶面喷雾，每隔7～10天喷一次，共进行2～3次。

2. 水蕹菜的栽培技术

蕹菜有浅水栽植和深水浮植两种。

（1）浅水栽植

浅水栽植是利用浅水田或浅水塘栽培。栽前先将水放掉，进行整地、去除杂草，然后扦插。插条长约20 cm，按26 cm左右间隔距离斜插入2～3节，深度3 cm左右，种秧叶露出水面即可。扦插后，为提高土温、利于发根成活，水层不宜过深，一般以保持6～9 cm为宜。

（2）深水浮植

其方法是将蕹菜秧按15 cm左右的距离，编在发辫的藤蔓或稻草绳上。为使绳子两面的重量相等，要将种秧的头尾相间旋转。

藤蔓或草绳长10 m，两头做成圆圈，套在塘边的木桩上。这样，种秧便可随水面升降而上下浮动。为了便于管理，藤蔓或草绳在水中的排列方式可采取大、小行。大行两绳之间相距1 m，小行两绳之间相距30 cm。

水蕹菜的管理简单，在水质比较肥沃流水处，植株生长良好，一般多不施肥。而在缺肥的死水处，则应施肥。下水时温度高，每10～15天采收1次，天凉后，隔20多天采收1次。采收方法同旱蕹。浮水栽植的蕹菜植梢肥嫩，但因不便施肥，一般产量不高。到生长后期茎叶衰老，而秋季叶菜种类已多，可放任生长，做青饲料用。至霜降以前采收完毕。

七、病虫害防治

（一）炭疽病

1. 危害与诊断

主要危害叶片及茎。幼苗受害可导致死苗。茎上病斑近椭圆形，叶上病斑近圆形，暗褐色，叶斑微具轮纹，均生微细的小黑点，发生严重时，叶片枯死，植株局部或全部死亡。

2. 防治方法

发病初期，可选用80%代森锰锌可湿性粉剂600倍液，78%波尔锰锌可湿性粉剂500～800倍液，75%百菌清可湿性粉剂1 000倍液，50%多菌灵可湿性粉剂800倍液等喷雾防治，10天1次，连续防治2～3次。

（二）腐败病

1. 危害与诊断

腐败病是全株性病害。发病初期叶片上出现水浸状病斑，后渐扩至叶柄和茎部、产生褐色斑或腐败，后期在叶柄或茎上产生大量暗褐色菌核。

2. 防治方法

加强苗床管理，科学放风，防止苗床或育苗盘高温、高湿条件出现。

苗期喷洒植宝素7500～9 000倍液或0.1%～0.2%磷酸二氢钾，可增强抗病力。用种子重量0.2%的40%拌种双拌种。

苗床或育苗盘药土处理。可单用40%拌种双粉剂，也可用40%拌种灵与福美双1∶1混合，每平方米苗床施药8 g。药土处理方法同猝倒病。立枯病单发区，单用拌种灵防效不高，须混入等量福美双方可奏效。也可采用氯化苦覆膜法，即整畦后每隔30 cm把2～4 mm的氯化苦深施在10～15 cm处，边施边盖土，全部施完后用地膜把畦盖起来，12～15天后播种定植。

（三）白锈病

1. 症状表现

病斑在叶背面生，叶正面初现淡黄至黄色斑点，后渐变褐，病斑较大，叶背面生白色隆起状疱斑，近圆形或椭圆形至不规则形，有时愈合成较大的疱斑，后期疱斑破裂散出白色孢子囊，叶片受害严重时病斑密集，病叶畸形，叶片脱落。

2. 发病条件

（1）连作地、前茬病重、土壤存菌多；或地势低洼积水，排风不良；或土质黏重，土壤偏酸。

（2）氮肥施用过多，栽培过密，株、行间郁蔽，不通风透光。

（3）种子带菌、育苗用的营养土带菌、有机肥没有充分腐熟或带菌。

（4）早春多雨或梅雨来早、气候温暖、空气湿度大；秋季多雨、多雾、重露或寒流来早时易发病。

（5）大棚栽培的，往往为了保温而不放风排湿，引起湿度过大，易发病。

3. 防治方法

（1）选用地势高燥的田地，并深沟高畦栽培，雨停不积水。

（2）播种后用药土做覆盖土，移栽前喷施一次除虫灭菌剂，这是防治病虫的重要措施。

（3）使用的有机肥要充分腐熟，并不得混有上茬本作物残体。

（4）水旱轮作、育苗的营养土要选用无菌土，用前晒三周以上。

（5）大棚栽培的可在夏季休闲期，棚内灌水，地面盖上地膜，闭棚几日，利用高温灭菌。

（6）选用抗病、包衣的种子，如未包衣，则用拌种剂或浸种剂灭菌。

（7）合理密植，及时去除病枝、病叶、病株，并带出田外烧毁，病穴施药或生石灰。

（8）地膜覆盖栽培，可防治土中病菌危害地上部植株。

八、营养价值

（1）空心菜是碱性食物，并含有钾、氯等调节水液平衡的元素，食后可降低肠道的酸度，预防肠道内的菌群失调，对防癌有益。所含的烟酸、维生素C等能降低胆固醇、甘油三酯，具有降脂减肥的功效。空心菜中的叶绿素有"绿色精灵"之称，可洁齿、防龋、除口臭，健美皮肤。

（2）空心菜的粗纤维素的含量较丰富，这种食用纤维是纤维素、半纤维素、木质素、胶浆及果胶等组成，具有促进肠蠕动、通便解毒的作用。

（3）空心菜性凉，菜汁对金黄色葡萄球菌、链球菌等有抑制作用，可预防感染。因此，夏季如经常吃，可以防暑解热、凉血排毒、防治痢疾。嫩梢中的蛋白质含量比同等量的西红柿高4倍，钙含量比西红柿高12倍多，并含有较多的胡萝卜素。

第十节　茼　蒿

　　茼蒿，又名皇帝菜，是一种营养非常丰富的菜，常常被拿来和菠菜做比较。同时，皇帝菜有多种功用，包括保肝、利尿、治牙痛、治便秘、帮助骨骼发育、预防高血压等。据说在古时候，皇帝菜是专门献给皇帝食用的贡品，所以又叫贡菜。此外，皇帝菜还有许多不同的名称，像角菜、珍珠菜、香甜菜等，其实指的都是同一种菜。皇帝菜的特色，就是即使经过暴晒，再用水浸泡过，它的口感仍然还是爽脆可口，且愈嫩的枝叶，煮起来愈好吃，不论用来煮汤，还是凉拌等，都非常的爽口清甜。

茼　蒿

　　茼蒿即蓬蒿。一年生或两年生草本植物，叶互生，长形羽状分裂，花黄色或白色，瘦果棱，高二三尺，茎叶嫩时可食，亦可入药。茼蒿的根、茎、叶、花都可做药，有清血、养心、降压、润肺、清痰的功效。茼蒿具有特殊香味，幼苗或嫩茎叶供生炒、凉拌、做汤食用。欧洲用茼蒿做花坛。茼蒿属浅根性蔬菜，根系分布在土壤表层。茎圆形，绿色，有蒿味。叶长形，圳缘波状或深裂，叶肉厚。头状花序，花黄色，瘦果，褐色。栽培上所用的种子，在植物学称瘦果，有棱角，平均千粒重1.85 g。茼蒿性喜冷凉，不耐高温，生长适温20 ℃左右，12 ℃以下生长缓慢，29 ℃以上生长不良。茼蒿对光照要求不严，一般以较弱光照为好。属长日照蔬菜，在长日照条件下，营养生长不能充分发展，很快进入生殖生长而开花结籽。因此，在栽培上宜安排在日照较短的春秋季节。肥水条件要求不严，但以不积水为佳。茼蒿的品种依叶片大小，分为叶茼蒿和小叶茼蒿两类。茼蒿又叫蒿子秆，由于它的花很像野菊，所以又名菊花菜。茼蒿的茎和叶可以同食，有蒿之清气、菊之甘香，鲜香嫩脆的赞誉，一般营养成分无所不备，尤其胡萝卜素的含量超过一般蔬菜，为黄瓜、茄子含量的1.5～30倍。

一、植物形态

蒿子秆，一年生草本，高30～70 cm。茎直立，光滑无毛或几光滑无毛，通常自中上部分枝。基生叶花期枯萎，中下部茎叶倒卵形至长椭圆形，长8～10 cm，二回羽状深裂，一回深裂几全裂，侧裂片3～8对，二回为深裂或浅裂，裂片披针形、斜三角形或线形，宽1～4 mm。头状花序通常2～8个生茎枝顶端，有长花梗，但不形成明显的伞房花序，或头状花序单生茎顶；总苞直径1.5～2.5 cm；总苞片4层，内层长约1 mm；舌片长15～25 mm。舌状花的瘦果有3条宽翅肋，特别是腹面的1条翅肋延于瘦果先端并超出花冠基部，伸长成喙状或芒尖状，间肋不明显，或背面的尖肋稍明显；管状花的瘦果两侧压扁，有2条突起的肋，余肋稍明显。花果期为6～8月。

南茼蒿，本种与蒿子秆的区别是：叶边缘有不规则大锯齿或羽状分裂。舌状花瘦果有两条明显突起的椭圆形侧肋。

二、食疗作用、生活常识及注意事项

1. 食疗作用

（1）消食开胃，通便利腑。茼蒿中含有特殊香味的挥发油，有助于宽中理气，消食开胃，增加食欲，并且其所含粗纤维有助肠道蠕动，促进排便，达到通腑利肠的目的。

（2）清血养心，润肺化痰。茼蒿内含丰富的维生素、胡萝卜素及多种氨基酸，性味甘平，可以养心安神，润肺补肝，稳定情绪，防止记忆力减退；此外，茼蒿气味芬芳，可以消痰开郁，避秽化浊。

（3）利小便，降血压。茼蒿中含有多种氨基酸、脂肪、蛋白质及较高量的钠、钾等矿物盐，能调节体内水液代谢，通利小便，消除水肿；茼蒿含有一种挥发性的精油，以及胆碱等物质，具有降血压、补脑的作用。

2. 生活常识

（1）茼蒿有促进蛋白质代谢的作用，有助于脂肪的分解。

（2）火锅中加入茼蒿，可促进鱼类或肉类蛋白质的代谢，对营养的摄取有益。

茼蒿辛香滑利，胃虚泄泻者不宜多食。

3. 注意事项

宜：对慢性肠胃病和习惯便秘者有一定的食疗作用，是儿童和贫血患者的必食佳品。

忌：茼蒿气浊、易上火，一次忌食过量。

三、繁殖栽培

1. 整地施肥

选择土层深厚、疏松湿润、有机质丰富、排灌方便、保水保肥力良好的中性或微酸性壤土为宜。播前深翻土壤，每亩施腐熟粪肥1 000 kg。做成宽1.5 m的高厢，沟深20～25 cm。

2. 栽培季节

山东省一年四季均可栽培，在秋、冬季需设施栽培。播种至采收一般需30～60天。

3. 播　种

茼蒿植株小、生长期短，可与其他蔬菜间、套作。生产上多采用直播，撒播、条播均可。撒播每亩用种4～5 kg。条播每亩用种2～2.5 kg，行距10 cm。为促进出苗，播种前用30～35 ℃的温水浸种24小时，洗后捞出放在15～20 ℃条件下催芽，每天用清水冲洗，经3～4天种子露白时播种。春季选晴天播种，播后用薄膜覆盖，出苗后适当控水，保持适宜的温度，促使幼苗健壮生长。夏秋气温高，播种后应用遮阳网膜等覆盖物覆盖，保持土壤湿润。幼苗期应及时间苗，保证幼苗有一定的营养面积。

4. 管　理

播种后至出苗前需保持土壤湿润，6～7天即可齐苗。冬春播种出苗后应适当控制浇水，幼苗出2～3片真叶时进行间苗。撒播的，大叶茼蒿6 cm见方留壮苗，中叶或细叶茼蒿3～4 cm见方留苗；条播的，大叶茼蒿株距5 cm，中叶茼蒿4 cm，细叶茼蒿3 cm。充足供水，保持土壤湿润。

株高10 cm左右时随水追1～2次速效氮肥，株高20 cm左右时开始收割。割完第一刀后再浇水追肥，促进侧枝发生，20~30天后再收获。每次亩追施腐熟人畜粪水500 kg、尿素3~4 kg。

5. 病虫害防治

① 病害。主要病害有立枯病、叶斑病及菌核病等。防治立枯病，重点应加强农业综合防治措施，要注意适期播种，防止播种过密，幼苗徒长；药剂防治可采用百菌清可湿性粉剂。叶斑病，防治上应实行轮作，加强管理。

② 虫害。虫害主要有菜螟、蚜虫等，防治方法同一般的栽培蔬菜，但要避免施用高、中毒农药。

6. 适时采收

株高20 cm时即可采收。在茎基部留2~3片叶割下，以促进侧枝生发。

第十一节　卷心菜

卷心菜，学名结球甘蓝，别名圆白菜或洋白菜、包菜（也叫包心菜），日文称为キャベツ（kyabetsu），广西有一部分的人也叫作椰菜，还叫莲花白、莲白、大头菜等，属于甘蓝的变种，我国各地都有栽培。卷心菜来自欧洲地中海地区，是西方最为重要的蔬菜之一，属于十字花科。

卷心菜

卷心菜（英文名：cabbage的原意是head，在希腊神话中卷心菜被说成是主神宙斯头上的汗珠所变，是最古老的蔬菜之一。），学名结球甘蓝，一种常见的蔬菜。约90%的成分为水，富含维生素C，在世界卫生组织推荐的最佳食物中排名第三。卷心菜，通称包菜，北京地区称疙瘩白。圆白菜、绿甘蓝和疙瘩白是三种菜，疙瘩白吃起来有一点辣，绿甘蓝长得像疙瘩白，但是吃起来不辣，圆白菜从侧面看要比另外两种要扁，而其他两种从哪个角度看都比圆白菜鼓。

一、形态特征

卷心菜因有许多药用功效而备受推崇，希腊人和罗马人将其视为万能药。卷心菜有绿色、白色、红色等不同颜色，卷心菜里面的叶子比外面的叶子略白些。卷心菜重量通常从0.9 ~ 3 kg不等，直径在10 ~ 20 cm不等。

卷心菜营养丰富，含有大量的维生素C、纤维素、碳水化合物及各种矿物质，除此以外，卷心菜内还含有维生素U，维生素U是抗溃疡因子，并具有分解亚硝酸胺的作用，下面简单介绍一下卷心菜的药用功效。

（1）卷心菜性甘平，无毒。中医认为经常食用卷心菜，有补髓，利关节，壮筋骨，利五脏，调六腑，清热止痛等功效。

（2）卷心菜新鲜汁液能治疗胃和十二指肠溃疡，有止痛及促进愈合的作用。

（3）经常吃卷心菜对皮肤美容也有一定的功效，能防止皮肤色素沉淀，减少青年人雀斑，延缓老年斑的出现。

（4）世界卫生组织推荐的最佳食物中，蔬菜首推为红薯（山芋），山芋含丰富维生素，又是抗癌能手，其次是芦笋、卷心菜、花椰菜、芹菜、茄子、胡萝卜等，卷心菜排名第三。

二、营养价值

卷心菜的水分含量高（约90%），而热量低，可是大多数卷心菜丝色拉中的热量比单纯的卷心菜高5倍，因色拉中常含有富于油脂的调料，想通过控制饮食来减肥的人最好用低热量的调料做色拉。用卷心菜做的酸泡菜除了含钠较多外，与未发酵卷心菜的营养价值大致相同。各种卷心菜都是钾的良好来源。

日本科学家认为，卷心菜的防衰老、抗氧化的效果与芦笋、菜花同样处在较高的水平。卷心菜的营养价值与大白菜相差无几，其中维生素C的含量还要高出一倍左右。此外，卷心菜富含叶酸，这是甘蓝类蔬菜的一个优点，所以，怀孕的妇女及贫血患者应当多吃些卷心菜。卷心菜也是重要的美容品。

卷心菜能提高人体免疫力，预防感冒，保障癌症患者的生活质量。在抗癌蔬菜中，卷心菜排在第五位。

新鲜的卷心菜中含有植物杀菌素，有抑菌消炎的作用，对咽喉疼痛、外伤肿痛、蚊叮虫咬、胃痛、牙痛有一定的作用。卷心菜中含有某种溃疡愈合因子，对溃疡有着很好的治疗作用，能加速创面愈合，是胃溃疡患者的有效食品。多吃卷心菜，还可增进食欲，促进消化，预防便秘。卷心菜也是糖尿病和肥胖患者的理想食物。卷心菜和其他芥属蔬菜都含有少量致甲状腺肿的物质，可以干扰甲状腺对碘的利用，当机体发生代偿反应，就使甲状腺变大，形成甲状腺肿。卷心菜的致甲状腺肿作用可以用大量的膳食碘来消除，如用碘盐、海鱼、海藻和海产品来补充碘。优质卷心菜相当坚硬结实，放在手上很有分量，外面的叶片呈绿色并且有光泽。但是，春季的新鲜卷心菜一般包得有一些松散，要选择水灵且柔软的那种。

虫咬、叶黄、开裂和腐烂均是卷心菜常见的缺点，可以很容易察觉，应避免食用上述任何严重损坏的卷心菜。

切开的卷心菜容易从刀口处变质，所以最好买完整的卷心菜，从外层按顺序食用会保存很长时间。用刀从卷心菜的根部至菜心斜切可以很容易地剥掉外皮。为防止卷心菜干燥变质，可以用保鲜膜包好放入冰箱冷藏保存。

可将生的卷心菜切碎，加入蛋黄酱、色拉调料、酸性稀奶油、醋等做成菜丝色拉；也可加工成酸泡菜食用；还可与多种肉类、其他蔬菜一起煮、炒、煎和烤。需要注意的是，烹调过度会使香味丢失而产生不良的味道，也大大减少其营养价值，因此，在烤、炒、煮等时，应在最后加入卷心菜。相关食谱：把一个完整的卷心菜、土豆、大蒜、葱和带骨头的鸡肉放在一起煮，既简单又营养均衡，是一道美味佳肴。因为汤中溶入了许多营养物质，所以喝汤可以把营养全部吸收了，同时，浓汤也使得肉和蔬菜的味道不错。烹调时不要加太多的调味品和盐，这样才能享受到美味。

把卷心菜切小块，用盐腌渍后，同含有丰富蛋白质但能量很低的奶酪，以及含有矿物质的葡萄干拌在一起，再加入可防止动脉硬化的橄榄油即可。一般人群均可食用。

（1）特别适合动脉硬化、胆结石症患者、肥胖患者、孕妇及有消化道溃疡者食用。

（2）但皮肤瘙痒性疾病、眼部充血患者忌食。包心菜含有粗纤维量多，且质硬，故脾胃虚寒、泄泻以及小儿脾弱者不宜多食；另外对于腹腔和胸外科手术后，胃肠溃疡及其出血特别严重时，腹泻及肝病患者不宜食用。

第十二节 油麦菜

食用方法：油麦菜以生食为主，可以凉拌，也可蘸各种调料。熟食可炒食，可涮食，味道独特。油麦菜具有降低胆固醇、治疗神经衰弱、清燥润肺、化痰止咳等功效，是一种低热量、高营养的蔬菜。

油麦菜

一、外形特征

油麦菜属菊料，是以嫩梢、嫩叶为产品的尖叶型叶用莴苣，叶片呈长披针形，其长相有点像莴笋的"头"，叶细长平展，笋又细又短。从血缘关系看，油麦菜属于叶用莴苣的一个变种——长叶莴苣，与人们熟悉的生菜相近，所以又名牛俐生菜。

油麦菜，又名莜麦菜，油荬菜，有的地方又叫苦菜（实际上不是苦菜），叶片呈长披针形，色泽淡绿、质地脆嫩，口感极为鲜嫩、清香，具有独特风味，含有大量维生素和大量钙、铁、蛋白质、脂肪、维生素A、VB1、VB2等营养成分，是生食蔬菜中的上品，有"凤尾"之称。

油麦菜的营养价值略高于生菜，而远远优于莴笋。例如，同莴笋相比，蛋白质含量高40%，胡萝卜素高1.4倍，钙含量高2倍，铁含量高33%，硒含量高1.8倍。

油麦菜的吃法与生菜相同，可清炒或做汤，烹饪时间宜短。吃起来嫩脆爽口，受人欢迎。

二、栽培要点

由于油麦菜是生菜中尖叶的一种，品种不是很多，目前用得最多的纯香油麦菜，是国外引进的。中国对油麦菜研究起步较晚，到目前还没有特别好的品种。

三、栽培季节

油麦菜耐热、耐寒、适应性强，可春种夏收、夏种秋收，早秋种植，元旦前收获，以及冬季大棚生产等。一般大棚生产，在寒冬到来之前育成壮苗为宜，即苗期避开1月份的寒冬季节。

早春播1～3月中棚内播种育苗，标准棚筑2畦，中间开1条沟，深翻筑畦，浇足底水，种子撒播畦内，覆盖籽泥，以盖没种子为度，平铺塑料薄膜（2层薄膜，1层地膜），一般10～15天出苗，逢阴雨低温时出苗更长些。齐苗后揭除地膜，通风换气，白天要防高温伤苗，晚上防冻害；夏播4～6月露地育苗，选择高势地，2m连沟，深翻施腐熟厩肥，筑畦整平。浸种3小时，待种子晾干后播种。育苗床浇足底水，将种子散播在畦面上，并盖好籽泥，浇足水，如遇高温干旱，畦上覆盖遮阳网，齐苗后早晚揭网，苗床肥水要适中，不宜过干；秋播为7～9月，油麦菜育苗要浸种催芽。方法是将种子用纱布包好后浸水3～4小时，然后取出放入冰箱冷藏室内10～15小时，有75%出芽即可播种。秋播育苗最好用小拱棚或大棚，出苗后注意土壤墒情，不宜过干过湿，并及时拔除杂草，确保排水通畅；冬季栽培可于11～12月播种育苗，前提是大棚要施好基肥，翻耕作畦，6m宽的大棚作2畦或3畦，播种田床土要削细，隔天浇足底水，然后撒播，每分地播籽150g左右，可供种植大田3亩左右，播后撒一层营养土盖没种子，再平盖一层塑料薄膜或地膜。出苗后及时揭去平盖的薄膜，加强管理，做好通风换气和保暖工作。

四、育苗技术

油麦菜夏秋栽培，必须催芽播种，否则难以保证育苗成功。因油麦菜种子发芽适温为15～20℃，超过25℃或低于8℃不出芽。简单易行的发芽方式是：先将种子用清水浸泡4～6小时，然后捞起沥干，装入丝袜内可选择以下

3种方法催芽。

（1）河沙催芽法：即在阴凉处铺上湿润的河沙20～30 cm厚，然后将浸泡过的种子撒在河沙表面，再铺1～2 cm厚湿河沙，并用新鲜菜叶盖上。

（2）保温瓶冰块催芽法：将浸泡好的种子，吊在瓶内，在瓶内加上清水、冰块，并达到15～20 cm，每隔1天冲洗1遍并坚持换水和加冰块。

（3）冰箱低温催芽法：把浸泡好的种子用纱布包好，放入15～20 ℃的冰箱内、并坚持每天冲洗1遍。上述催芽约经2～4天，有60%～70%出芽即可播种。适宜季节可直播育苗，冬春可在拱棚内保温育苗，夏、秋季节育苗和生产最好采用遮阳网遮光降温生产。

五、合理密植

季节不同，苗龄差异较大，夏、秋需20～30天，冬春需50～70天，一般4～6片真叶即可定植。株行距要求15～20 cm。

六、管　理

油麦菜一般采取平畦栽培，油麦菜有5～6片真叶时即可定植，株行距20 cm左右。定植前深翻施足基肥，一般每亩施腐熟厩肥3 000 kg，碳酸氢铵80～100 kg，2 m连沟，深沟高畦。苗龄4～5叶定植，秧苗健壮，株行距10～15 cm，平畦栽培。

春播露地移栽，施足腐熟厩肥，每亩施碳酸氢铵80 kg。定植后浇足定根水，如遇干旱，以肥水促进，25～30天即可上市，亩产量1 800～2 000 kg。秋播7～9月正遇高温干旱季节，且常暴雨，移栽后应浇足活棵水，用遮阳网覆盖5～7天，活棵后如遇阴雨天可解除遮阳网，肥水适中，有利于油麦菜正常生长，20～30天即可上市，一般亩产量1 600～1 800 kg。秋、冬播10～11月在露地移栽，12月份遇寒潮侵袭，需移栽至大棚内，25～30天即可上市，亩产量1 500 kg左右。

定植前施足基肥，每667 m²施优质厩肥5000 kg，二铵40 kg，尿素20 kg，硫酸钾20 kg或草木灰200～300 kg，做成1.5 m连沟的畦。

定植时浇好定植水，1周后浇足缓苗水，缓苗后配合浇水冲施提苗肥（尿素15 kg），后期重施促棵肥（尿素30 kg），定植缓苗后及时中耕、深锄，以利于蹲苗，促进根系发育。整个生长发育期，保持湿润，土壤疏松。定植的管理方法同莴笋基本相同，须加强肥水管理，既要保持充足水分，又要防止过湿而造成水渍危害，同时要做好病虫害的防治。

七、病虫害防治

油麦菜的病害主要是霜霉病，可用多菌灵、克露等防治，虫害主要是蚜虫，可用吡虫啉等防治，霜霉病用75%百菌清可湿性粉剂，或58%瑞霉–锰锌50 g兑水20 kg和70%乙锰（已磷锰锌）50 g兑水15 kg交替使用，预防效果更佳。灰霉病、菌核病，用50%速克灵粉剂50 g兑水40～50 kg喷雾，病害严重时，可酌情加大药量。喷药时间应选晴天午后3时或雨后转晴叶面不带露水时较好。

八、收　获

定植后根据各种条件不同，约30～50天即可收获，亩产量约1 000～1 500 kg，冬季要长一些。收获时夏季在早上进行，冬季温室内应在晚上进行，可用刀子在植株近地面处割收，掰掉黄叶、病叶，捆把或装筐即可销售。如果进行长途运输，还要进行预冷，或在包装箱内放入冰决（冰块周围容易发生冻害）。

油麦菜的储藏适宜湿度为0 ℃，适宜相对湿度95%以上。进行贮藏或运输的，要求油麦菜的质量要高，叶片不要太嫩，水分含量宜低，收获时要轻收、轻放，避免机械损伤。

第十三节 小白菜

小白菜又名青菜、鸡毛菜、油白菜、普通白菜。同样属十字花科蔬菜，其颜色较青。据测定，小白菜是蔬菜中含矿物质和维生素最丰富的菜。

小白菜性喜冷凉，耐低温和高温，几乎一年到头都可种植、上市。但如果从适口性、安全性和营养性来看，一、二、三月则是小白菜消费的最佳季节。冬季温度较低，小白菜的碳水化合物转为糖，油脂含量增加，可溶性蛋白质、不饱和脂肪酸、磷脂含量增加，从而提高耐旱能力。对消费者来讲，更富营养性，食用起来软糯可口，清香鲜美，带有甜味。

小白菜

一、营养价值

小白菜可煮食或炒食，亦可做成菜汤或者凉拌食用。小白菜所含营养价值成分与白菜相近似，含有蛋白质、脂肪、糖类、膳食纤维、钙、磷、铁、胡萝卜素、维生素B1、维生素B2、烟酸、维生素C等。其中钙的含量较高，几乎等于白菜含量的2~3倍。

（1）小白菜性平，味甘。可治疗肺热咳嗽、便秘、丹毒、漆疮等疾病。

（2）小白菜含钙量高，是防治维生素D缺乏（佝偻病）的理想蔬菜。小儿缺钙，骨软、发秃，可用小白菜煮汤加盐或糖令其饮服，经常食用颇有益。

（3）小白菜含维生素B1、维生素B6、泛酸等，具有缓解精神紧张的功能。考试前多吃小白菜，有助于保持平静的心态。

（4）小白菜富含抗过敏的维生素A、维生素C、维生素B族、钾、硒等，小白菜有利于预防心血管疾病，降低患癌症危险性，并能通肠利胃，促进肠管蠕动，保持大便通畅。还能健脾利尿，促进吸收，而且有助于荨麻疹的消退。

二、常见病虫害

1. 斜纹夜盗虫、纹白蝶、黄条叶蚤、蝇虫、蚜虫、蓟马、立枯病、小白菜根肿病

（1）发病特征

主要危害地下根部，因受病菌的刺激造成细胞增生和增大，形成大小不等的肿瘤。地上部分初期多不明显，当病情进一步发展时，轻则表现缺肥状，重则叶片萎垂至枯死。

（2）发病规律

病原为鞭毛菌亚门的芸薹根肿菌，病菌以休眠孢子囊随病残体遗落在土中存活越冬，最适温度为18～25 ℃，最适土壤持水量为70%，最适酸碱度为5.4～6.5，病原主要通过感病菜苗或带菌泥土、雨水、灌溉水、线虫、昆虫、农具和人畜等传播。

（3）防治方法

①实施检疫。

②实行水旱轮作。

③在定植前用1%石灰水做定根水和成活后继续淋施1～2次。

④生长期用菌根消一包兑水75 kg淋湿。

2. 小白菜白粉病

（1）发病特征

本病主要危害叶片。发病初期叶面出现褪绿黄斑，不定型，分界不明显；相应的叶背出现不定型白斑，边缘界限亦不明显。随着病情的发展，病斑数目增多和扩大，并互相连合或斑块，斑面粉状物症状越来越明显，严重时覆盖叶片大部分甚至全部，外观像被披了一层面粉故此得名。

（2）发病规律

白粉病是一种真菌病害，有阶段性和无阶段性两种。在寒冷地区，病菌以有性阶段籽实体闭囊壳随病残体越冬，并成为第二年病害初侵染源。在此侵染源则为病部产生的分生孢子。温暖地区，病菌以分生孢子作为初侵与再侵接种体完成病害周年循环。

（3）防治方法

① 适当补充磷钾肥，补充叶面肥，增强植株抵抗力。

② 发病初期，连续喷施金世纪或60%菌可得100倍液。

三、用途功效

小白菜是蔬菜中含矿物质和维生素比较丰富的菜，其中的钙、磷等元素能促进骨骼发育，其胡萝卜素是大白菜的74倍，可以护眼明目。另外，小白菜中的维生素B1、B6、泛酸等，具有缓解精神紧张的功能，多吃有助于保持平静的心态。需要指出的是，小白菜不像大白菜那样可以生吃，用小白菜制作菜肴时，炒、熬时间不宜过长，以免营养流失。大白菜、小白菜和娃娃菜，其实营养价值相差无几。但由于小白菜的胡萝卜素含量较高，所以，小白菜营养稍稍占优势。

第十四节　油　菜

油菜是十字花科植物油菜的嫩茎叶，原产我国，颜色深绿，帮如白菜，属十字花科白菜变种。南北广为栽培，四季均有供产。

油　菜

油菜按其叶柄颜色不同有白梗菜和青梗菜两种。白梗菜，叶绿色，叶柄白色，直立，质地脆嫩，苣味小而略带甜味。青梗菜，叶绿色，叶柄淡绿色，扁平微凹，肥壮直立，植株矮小，叶片肥厚。质地脆嫩，略有苦味。

油菜的招牌营养素含量及其食疗价值可称得上诸种蔬菜中的佼佼者。据专家测定，油菜中含多种营养素，所含的维生素C非常丰富。

一、食用功效

（1）鸡油炒芸苔：油菜500 g，鲜蘑菇100 g。将油菜去老叶，切成6 cm长后，洗净；锅烧热，放鸡油100 g，待油烧至五成热时，将油菜倒入煸炒。再加黄油、鲜汤，至八成热时，放细盐、糖、味精、蘑菇；再烧1分钟后，用水淀粉勾芡，浇上鸡油，装盆即成。此菜具有宽肠通便，解毒消肿的作用。适宜习惯性便秘、痔疮大便干结等病症，亦可作为感染性疾病患者的食疗蔬菜。

（2）清炒油菜：油菜500 g，洗净切成3 cm长段。锅烧热，下菜籽油，旺火烧至七成热时，下油菜旺火煸炒，酌加精盐，菜熟后起锅装盘。本菜具有活血化瘀、降低血脂的作用，适宜于高血压、高血脂等患者食用。

（3）油菜炒虾仁：对虾肉50 g，油菜250 g，姜、葱适量。将虾肉洗净切成薄片，虾片用酱油、料酒、淀粉拌好；油菜梗叶分开，洗净后切成3 cm长段；锅中加入食油，烧热后先下虾片煸几下即起出，再把油锅熬热加盐，先煸炒油菜梗，再煸油菜叶，至半熟时倒入虾片，并加入佐料姜、葱等，用旺火快炒几下即可起锅装盘。此菜具有强壮身体的作用，可提高机体抗病能力。老年体弱者可常食。

（4）凉拌油菜：嫩油菜500 g。将油菜梗、叶分开后洗净，切3 cm长段，沥干水，滚入水中煮熟，捞出沥水装盘，以麻油、精盐拌食。此菜鲜腴爽口，具有宽肠通便，降糖之功，糖尿病、便秘患者均应常食。

二、形态特征

油菜为十字花科，芸薹属，一年生草本。直根系。茎直立，分枝较少，株高30～90 cm。叶互生，分基生叶和茎生叶两种。基生叶不发达，匍匐生长，椭圆形，长10～20 cm，有叶柄，大头羽状分裂，顶生裂片圆形或卵形，侧生琴状裂片5对，密被刺毛，有蜡粉。茎生叶和分枝叶无叶柄，下部茎生叶羽状半裂，基部扩展且抱茎，两面有硬毛和缘毛；上部茎生为提琴形或披针形，基部心形，抱茎，两侧有垂耳，全缘或有细齿。总状无限花序，着生于主茎或分枝顶端。花黄色，花瓣4枚，为典型的十字形。雄蕊6枚，为4强雄蕊。长角果条形，长3～8 cm，宽2～3 mm，先端有长9～24 mm的喙，果梗长3～15 mm。种子球形，紫褐色。

三、地理分布

北方小油菜原产我国西部，分布于我国的西北、华北、内蒙古及长江流域各省（区），世界各地也广泛分布。

四、生态特征

油菜不是一个单一的物种，它包括芸薹属中许多种，根据我国油菜的植物形态特征，遗传亲缘关系，结合农艺性状。栽培利用特点等，将油菜分为三个类型，即白菜型油菜、芥菜型油菜和甘蓝型油菜，每个类型中又包括若干种。

白菜型油菜：主要有两种，一种是小油菜的原始科（B. camPestis），另一种是普通白菜的油用变种（B. chinensis var. oleifera Mak.）。

五、种植

白菜型油菜生长期变幅较大。北方春小油菜的生育期为60～130天；冬小油菜为130～290天。油菜的阶段发育比较明显，冬性型油菜，春化阶段要求0～10 ℃，需经过15～30天；春性型介于春、冬型之间，对温度要求不甚明显。油菜为长日照植物，每天日照时数为12～14小时。能满足日照要求，开花结实，可以提前开花结实。反之，则延缓发育。

油菜依生长特点和栽培管理不同，可分为苗期、蕾苔期、开花期和角果发育成熟期。苗期时间长，一般为60～90天。春性强的油菜，苗期较短。这个时期主要是叶片生长和根系建成。蕾苔期是从植株露出花蕾到第一朵花开放为止。这个时期是营养生长和生殖生长两旺阶段。营养生长较快，每天植株增高2～3 cm，叶片面积增大，茎生叶生长并开始分枝。蕾苔期受类型、品种、温度及栽培管理条件诸因素的影响，一般为30天左右。油菜有25%的植株花时，即为初花期，75%植株开花为盛花期，花期约30天左右。油菜的开花顺序：主茎先开，分枝后开；上部分枝先开，下部分枝后开；同一花序，则下部先开，依次陆续向上开放。油菜的开花期对土壤水分和肥料要求迫切，特别是磷、硼元素尤为敏感。油菜的籽实期是从终花至种子成熟，一般为1个月左右。这个时期对矿物质营养的需要逐渐减少，特别是氮肥不宜太多，氮肥过多会贪青晚熟，对油分积累不利。油菜是根深、枝叶繁茂、生长期长的作物。要求生长在土层深厚、肥沃、水分适宜的土壤中。土壤pH在5～8，以弱酸或中性土壤最为适宜。较耐盐碱，据营口市盐碱地利用研究所资料，油菜在含盐量为0.2%～0.26%的土壤中能正常生长。

六、栽培要点

种植油菜的方法有两种，即直播或育苗。北方多采用直播，南方则以育苗为主。大面积种植多用直播，小面积多为育苗。油菜种子较小，千粒重2.5～4 g。要求整地精细，施足底肥，根据利用目的，选择不同的行距。做青饲用2.5～40 cm行距，播量0.3～0.4 kg/亩，若收子用则加大行距，减少播种量。饲用的油菜可条播，也可撒播。育苗的油菜，要先做苗床，整地更精细，施肥、灌水条件较好，苗床撒播，待长到1～2片真叶时，即可移入大田。在油菜生长期间，要施肥、灌水，保证苗壮。北方冬季要覆盖一层有机肥，以保温、防冻。

七、病 害

1. 特 点

（1）油菜菌核病

此病主要危害茎秆，亦危害叶片、花和荚果。茎上的病斑初为淡褐色，略凹陷，后变灰白，湿度大时，病部变软腐烂，表面长出白色絮状物（病菌的菌丝体）。病茎皮层腐烂，髓部多消失而成空腔，内生有大型黑色的菌核，状如鼠粪，有时茎表也长有菌核。此病在油菜开花期开始发生，并一直危害至成熟期，导致植株早枯，种子皱瘪，减产减收。

（2）油菜霜霉病

此病在油菜的整个生育期都可发生，导致叶片枯死，花序肥肿畸形，此病可危害叶片、茎、花和荚果。其症状是在被害叶片正面初生淡黄色不明显的病斑，呈多角形，叶背病部上长出白色的霜状霉。不能结实或结实不良，菜籽产量和质量下降。

（3）油菜花叶病

油菜花叶病的症状特点是感病后，在嫩叶上产生明脉症状，全部或部分叶脉呈淡黄色（对光观看略透明），随后产生花叶症状（即黄绿与浓绿相间）。少数叶片变畸形，植株矮化，结实少，不实粒增多。发病较重的，全株矮缩畸形。茎上往往产生水渍状、褐色至黑褐色的枯死条斑。病荚弯曲，重病株往往早期枯死。

（4）油菜缺硼萎缩不实

油菜萎缩不实是甘蓝型油菜因缺硼而导致的非侵染性病害，严重缺硼时，油菜从苗期至抽薹期均可发病，病株萎缩死亡。中轻度缺硼时，植株在花期出现症状，荚果不实。其症状特点是植株根系发育不良，表皮变褐，有的根部肿大；叶片变暗绿色，叶形变小，叶质增厚，甚至凹凸皱缩，后变紫色和蓝紫色，叶脉褪绿变黄；生长点和花序顶端过早褪绿发白，萎缩干枯；荚果停止发育，结实少或不结实，荚果和茎部表皮也变成紫色或蓝紫色，或变成紫蓝色的条斑。

2. 综防技术

（1）选用抗病良种与种子处理

因地制宜，选用甘蓝型杂交抗病丰产良种，这是最经济有效的防病措施。播种前可采用筛选、溜选等办法，清除秕粒和混在种子中的菌核。

（2）合理轮作

采用轮作是防治油菜菌核病、霜霉病的主要措施之一，其方法是实行水稻、油菜轮作或与禾本科作物如小麦、大麦等隔年种植，可显著减轻病害的发生。

（3）狠抓苗期治蚜防病

蚜虫是油菜病毒病的传毒介体，而油菜幼苗最易感染病毒病，预防油菜幼苗感病非常重要。在油菜未播种前，应对其他寄主上的蚜虫普治1次，以消灭传毒的介体。油菜在未移栽前，要勤查虫，当发现有蚜虫时，应立即进行药剂防治。常用药剂有：每667 m² 用50%抗蚜威20 g，或48%乐斯本乳油20 mL，兑水50 kg，进行常规喷雾。

（4）加强栽培管理

① 选好苗床，培育壮苗。选前作为非十字花科蔬菜地并远离十字花科蔬菜的田块作苗床，并清理田块四周杂草。适期播种，加强管理，培育壮苗。

② 消灭菌源。播种前要深翻土地，深埋菌核，早春结合中耕培土破坏子囊盘。结合苗床管理，拔除病苗、劣苗。油菜开花前摘除老黄病叶并带出集中处理。

③ 合理施肥，施足底肥，增施磷、钾肥，增强植株抗病力。

④ 深沟高畦，合理密植。雨水过多时，及时开沟排渍，降低湿度，使植株生长健壮，增强抗病力。

⑤ 根据土壤缺硼的实际情况，在苗床和本田喷施硼砂或硼酸1～2次。可有效治疗因缺硼引起的"萎缩不实病""花而不实病"。

（5）药剂防治

在发病初期，尤其是油菜进入抽薹开花期发病，必须及时施药，以控制菌核病、霜霉病、白锈病等病害的扩展危害。多雨时应抢晴喷药，并适当增加喷药的次数。

第四章 根菜类蔬菜的栽培管理

课程内容及教学要求	活动设计
1. 能了解本地区根菜类主要种类及品种特性 （1）能了解本地区萝卜主要种类及品种特性； （2）能了解本地区胡萝卜主要种类及品种特性。 2. 能了解根菜类的生育特点及栽培特性 （1）能了解根菜类的生育特点； （2）能了解根菜类的栽培特性。 3. 能掌握根菜类蔬菜（萝卜、胡萝卜等）的播种、肥水管理、采收等操作 （1）能掌握萝卜的播种、肥水管理、采收等操作； （2）能掌握胡萝卜的播种、肥水管理、采收等操作	根菜类家庭蔬菜栽培技术：分组进行下列操作 （1）调研根菜类作物（萝卜、胡萝卜等）的种类和品种与栽培季节的关系。合理选择种类和品种。写出种类和品种、播种期、定植期、收获期，并预计大致的产量； （2）对萝卜或胡萝卜进行播种。掌握播种前施足腐熟基肥、整地作畦，播种技术； （3）对萝卜或胡萝卜生长期间进行中耕、肥水管理实训； （4）对采收期的萝卜或胡萝卜进行采收，掌握采收标准及采收操作、产品商品性等

第十五节　姜

　　姜（学名：Zingiber officinale Rosc.），姜科，姜属多年生草本植物。开有黄绿色花并有刺激性香味的根茎。株高0.5～1 m；根茎肥厚，多分枝，有芳香及辛辣味。叶片披针形或线状披针形，无毛，无柄；叶舌膜质。总花梗长达25 cm；穗状花序球果状；苞片卵形，淡绿色或边缘淡黄色，顶端有小尖头。花萼管长约1 cm；花冠颜色为黄绿色，裂片披针形；唇瓣中央裂片长圆状倒卵形。

　　在中国中部、东南部至西南部，咸丰通山、阳新、鄂城、咸宁、大冶各省区广为栽培。亚洲热带地区亦常见栽培。

　　根茎供药用，鲜品或干品可做烹调配料或制成酱菜、糖姜。茎、叶、根均可提取芳香油，用于食品、饮料及化妆品香料中。

一、形态特征

　　多年生宿根草本。根茎肉质肥厚，扁平，有芳香和辛辣味。叶子列，披针形至条状披针形，长15～30 cm，宽约2 cm，先端渐尖，基部渐狭，平滑无毛，有抱茎的叶鞘，无柄；花茎直立，被以覆瓦状疏离的鳞片；穗状花序卵形或椭圆形，长约5 cm，宽约2.5 cm；苞片卵形，淡绿色；花稠密，长2.5 cm，先端锐尖；萼短筒状；花冠3裂，裂片披针形，黄色，唇瓣较短，长圆状或卵形，呈淡紫色，有黄白色斑点，下部两面侧各有小裂片；雄蕊1枚，挺出，子房下位；花柱丝状，淡紫色，柱头放射状。蒴果长圆形胀约2.5 cm。花期为6月至8月。

姜

株高0.5～1 m；根茎肥厚，多分枝，有芳香及辛辣味。叶片披针形或线状披针形，长15～30 cm，宽2～2.5 cm，无毛，无柄；叶舌膜质，长2～4 mm。

总花梗长达25 cm；穗状花序球果状，长4～5 cm；苞片卵形，长约2.5 cm，淡绿色或边缘淡黄色，顶端有小尖头；花萼管长约1 cm；花冠黄绿色，管长2～2.5 cm，裂片披针形，长不及2 cm；唇瓣中央裂片长圆状或卵形，短于花冠裂片，有紫色条纹及淡黄色斑点，侧裂片卵形，长约6 mm；雄蕊暗紫色，花药长约9 mm；药隔附属体钻状，长7 mm。

二、生长习性

1. 温 度

姜原产东南亚的热带地区，喜欢温暖、湿润的气候，耐寒和抗旱能力较弱，植株只能无霜期生长，生长最适宜温度是25～28 ℃，温度低于20 ℃，则发芽缓慢，遇霜后，植株会凋谢，受霜冻后，根茎就完全失去发芽能力。

2. 光 照

姜耐阴而不耐强日照，对日照长短要求不严格。故栽培时应搭荫棚或利用间作物适当遮阴，避免强烈阳光的照射。

3. 水 分

姜的根系不发达，耐旱、抗涝性能差，故对于水分的要求格外讲究。在生长期间土壤过干或过湿对姜块的生长膨大均不利，都容易引起腐烂。

4. 土 壤

姜喜欢肥沃疏松的壤土或沙壤土，在黏重潮湿的低洼地栽种生长不良，在瘠薄保水性差的土地上生长也不好。姜对钾肥的需要最多，氮肥次之，磷肥最少。

5. 分　布

我国中部、东南部至西南部，如来凤、通山、阳新、鄂城、咸宁、大冶各省区广为栽培。山东莱芜、山东平度大泽山出产的大姜尤为知名。亚洲热带地区亦常见栽培。

三、种植技术

1. 植物学特征

生姜根系不发达，入土浅，主要分布在30 cm左右的范围内。茎为肉质根状茎，腋芽不断分生可发生一次、二次、三次……，次生根茎，丛生密集成块状，一般苗数愈多，姜块愈大，产量愈高。地上茎是叶鞘抱合成的假茎，高70～100 cm，直立不分枝。叶披针形，具叶鞘，绿色，叶互生，排列两行。姜在热带能开花，花黄绿色或红色，但很少结果，以根茎繁殖。

2. 对环境条件的要求

姜喜温暖湿润的环境条件，不耐低温霜冻，16 ℃以上开始萌芽，幼苗生长适温20～25 ℃，茎叶生长适温25～28 ℃，15 ℃以下停止生长。

姜喜弱光，不耐强光，在强光下，叶片容易枯萎，农谚有"生姜晒了剑（新叶）等于要了命"，对日照长短要求不严。

姜喜肥沃疏松、富含有机质、排灌方便的微酸性土壤。对水分要求严格，既不耐旱也不耐湿，受旱则茎叶枯萎，生长不良，高温高湿，排水不良易致病害。对三要素的要求，钾最多，氮次之，磷最少。

四、类型及品种

根茎节多而密，姜块数多，双层或多层排列，代表品种有广东密轮细肉姜，玉溪黄姜，西畴细姜。此外，还根据姜的外皮色分为白姜、紫姜、绿姜（又名水姜）、黄姜等。长势中等，分枝多，龙庆黄姜则属密苗型黄姜。

五、栽培技术

1. 栽培方法及季节

生姜可以净种，也可间套种，龙庆黄姜一般在清明前后，蚕桑树地里播种。

间套种可利用高杆搭架作物如瓜、豆架下种植，也可在苞谷行间间作，起到遮阴作用。

2. 选地，整地及施肥

姜忌连作，最好与水稻、葱蒜类及瓜、豆类作物轮作，并选择土层深厚、肥沃、疏松、排水良好的壤土或沙壤土，姜畏强光，应选适当荫蔽的地方栽种。姜生长周期长，产量高，需肥量大，每亩农肥不少于3 000 kg，并施入硫酸钾20 kg或复合肥30 kg作底肥，以充分满足姜对营养的需求，畦面一般做成高畦。

3. 选种与播种

播种前要精选姜种，剔除霉变、腐烂、干瘪的病弱姜块。种姜要选择50~100 g有1~2个壮芽的姜块为好，太大的姜块也可播种但需种量大，成本高，可以用刀切或用手劈开，但伤口应用草木灰或石灰消毒后再播种。播种前最好用药剂浸种催芽，方法是将种姜摊开晾晒1~2天，然后用1∶1∶120的波尔多液浸种10分钟，然后将种姜捞出后，用潮沙子将其层层堆码好并用薄膜覆盖，厚度约30~40 cm，使温度保持在20~30 ℃，8~10天即可出芽，根据芽子的大小、强弱分级播种。每亩用种量为300~500 kg。

一般排姜多用打沟条播，行距35~40 cm，株距26~30 cm，沟深10~12 cm。打塘播可按株行距33 cm，塘深7~8 cm。

沟、塘打好后，将姜种斜放，芽朝一个方向排列，排好后用充分腐熟的农家肥或土杂肥覆盖，厚度6~8 cm，肥上再盖少量土壤即可。

4. 管 理

姜排好后如土壤湿润不需浇水即可出苗，如果土壤干燥应浇一次水，但不宜过多，出苗后视土壤墒情及植株长相适时浇灌，高温期应提倡早、晚浇，雨季要注意排涝。

姜在生长期中要进行多次中耕松土及追肥培土工作，当苗高15 cm左右时结合中耕，除草进行培土，追肥以人粪尿为主，培土3 cm。随着分蘖的增加，每出一苗再追一次肥、培一次土，培土厚度以不埋没苗尖为度，总培土3~4次，使原来的种植沟变成埂。培土可以抑制过多的分蘖，使姜块变得肥大。

姜怕强光，可在行间套种苞谷或上架豆类，也可搭阴棚或插树枝、蒿秆遮阴。

5. 病虫防治

虫害有玉米螟，病害主要是姜腐败病即姜瘟，主要危害叶及根茎部，以高温期发病重。防治方法：实行轮作换茬，选用无病种姜，防治病田水流入灌溉，药剂可用50%代森锌800倍，每7~10天喷洒1次。

六、病虫害防治

1. 防治方法

姜主要发生的病害为腐败病，又称姜瘟，是一种细菌性病害，防治方法如下：

（1）实施轮作换茬，剔除病姜，并做消毒浸种。

（2）增施钾肥，保持土壤湿润，但不易过湿，雨季要及时排水，发现病株要及时拔除。

（3）发病初期用50%的代森锌800倍液喷洒，每7～10天喷洒1次，连续2～3次。

2. 主要虫害

6～7月间玉米螟危害，幼虫钻进茎内，使心叶枯黄，可用50%敌百虫800倍液或500～1 000倍液2.5%敌杀死，在苗期每隔10～15天喷洒1次，到8月份，喷心叶。

七、采收留种

生姜一季栽培，全年消费，从7～8月即可陆续采收，早采产量低，但产值高，在生产实践中，菜农根据市场需要进行分次采收。

1. 收种姜

又叫"偷娘姜"，即当植株有5～6片叶时，采收老姜（即娘姜），方法用小锄或铲撬开土壤，轻轻拿下种姜，取出老姜后，马上覆土并及时追肥。种姜不蚀本，所以农彦有"姜够本"之说。

2. 收嫩姜（子姜）

立秋后可以采收新姜即子姜，新姜肥嫩，适于鲜食及加工，采收愈早，产量愈低，主要由市场价值规律决定。

3. 收老姜

霜降前后，茎叶枯黄，即可采收，此时采收产量高，辣味重，耐储藏，可做加工、食用及留种。南部无霜地区可割去地上茎叶，上盖稻草等覆盖物，可根据需要随时采收或留种，但土壤湿度不宜太大。留种用的姜，应设采种田，生长期内多施磷、钾肥，少施氮肥。选晴天采收，选择根茎粗壮、充实、无病虫及损伤姜块，单独储存，在储藏期经常检查，拣出病姜、坏姜。

第十六节　樱桃萝卜

樱桃萝卜是一种小型萝卜，为中国的四季萝卜中的一种，萝卜属十字花科，属于四季萝卜类群，一年或两年生作物。萝卜具有品质细嫩，生长迅速，外形、色泽美观等特点，适于生吃。目前的栽培品种大多从日本、德国等国引进，我国栽培的萝卜以扬州水萝卜较著名。

一、形态特征

属小型萝卜类，品质细嫩，生长迅速，色泽美观，肉质根圆形，直径2～3 cm，单株重15～20 g，根皮红色，瓤肉白色，生长期为30～40天，适应性强，喜温和气候条件，不耐炎热。

樱桃萝卜

萝卜为直根系，主根入土深约60～150 cm，主要根群分布在20～45 cm的土层中。肉质根是营养的储藏器官，多为圆球形或扁圆球形，表皮为红色或白色，肉质为白色。其下胚轴与主根上部膨大形成肉质根。肉质根有球形、扁圆形、卵圆形、纺锤形、圆锥形等。皮色有全红、白和上红下白三种颜色。肉色多为白色，单根重十几克至几十克不等。

萝卜的叶在营养生长时期丛生于短缩茎上，叶形有板叶形和花叶形，叶子颜色为深绿色或绿色。叶柄与叶脉多为绿色，个别有紫红色，上有茸毛。植株通过温、光周期后，由顶芽抽生主花茎，主花茎叶腋间发生侧花枝。总状花序，花瓣4片呈十字形排列。花色有白色和淡紫色。果实为角果，成熟时不开裂，种子扁圆形，浅黄色或暗褐色。种子发芽力可保持5年，但生长势会因长时间的保存而有所下降，所以，生产上宜用1~2年的种子做种。

茎在营养生长期短缩，进入生殖生长期抽生花茎。子叶2片，肾形。第一对其叶匙形，称初生叶。以后在营养生长期内长出的叶子统称莲座叶。叶形有板叶和羽状裂叶。叶色有淡绿、深绿等色，叶柄有绿、红、紫等色。

花为复总状花序，完全花。花萼、花冠呈十字形。长角果，内含种子3~8粒。种子为不规则的圆球形，种皮呈黄色至暗褐色。

一、生长习性

樱桃萝卜对环境条件的要求不严格，适应性很强。

1. 温　度

樱桃萝卜起源于温带地区，为半耐寒蔬菜。生长适宜的温度范围为5~25 ℃。种子发芽的适温为20~25 ℃，生长适温为20 ℃左右，肉质根膨大期的适温稍低于生长盛期，为6~20 ℃。6 ℃以下生长缓慢，易通过春化阶段，造成未熟抽薹。0 ℃以下肉质根遭受冻害。高于25 ℃，因呼吸作用消耗增多，有机物积累少，植株生长衰弱，易生病害，肉质根纤维增加，品质变劣。开花适温为16~22 ℃。

2. 光　照

樱桃萝卜对光照要求较严格。在生长过程中，因光照不足影响光合产物的积累，肉质根膨大缓慢，品质变差。萝卜属长日照作物，在12小时以上日照下能进入开花期。

3. 水　分

樱桃萝卜生长过程要求均匀的水分供应。在发芽期和幼苗期需水不多，只需保证种子发芽对水分的要求和保证土壤湿度即可。应小水勤浇萝卜生长盛期，因叶片大，蒸腾作用旺盛，不耐干旱，要求土壤湿度力为最大持水量的60%~80%。如果水分不足，肉质根内含水量少，易糠心，降低维生素C的含量。长期干旱，肉质根生长缓慢，须根增加，品质粗糙，味辣。土壤水分过多，通气不良，肉质根表皮粗糙，亦影响品质。

4. 土 壤

樱桃萝卜对土壤条件要求不严格，但以土层深厚、保水、排水良好、疏松透气的沙质土壤为宜。萝卜喜钾肥，增施钾肥，配合氮、磷肥，可优质增产。萝卜喜保水和排水良好、疏松通气的沙质壤土，土壤含水量以20%为宜。土壤水分是影响萝卜产量和品质的重要因素之一。尤其在肉质根形成期土壤缺水，影响肉质根的膨大，须根增加，外皮粗糙，辣味增加，糖和维生素C含量下降，易空心。若土壤含水量偏高，土壤通气不良，肉质根皮孔加大也变粗糙。若干湿不匀，则易裂根。

二、栽培技术

1. 栽培季节和栽培方式

（1）露地栽培：一般温暖地区全年可分批陆续播种，5月至9月期间栽培需用寒冷纱覆盖，防暴雨降温栽培，12月至翌春2月期间需用塑料膜覆盖保温。华南地区露地栽培则从10月至翌春3月最适宜。

冷冻地区露地栽培从4月上旬或中旬开始，陆续播种至9月中旬或下旬。根据各地气温而定。除高温多雨的夏季不适宜栽培外，其他季节均可栽培。

（2）保护地栽培：冷凉地区从10月上旬至翌年3月上旬，可根据具体条件利用塑料大棚、改良阳畦、温室等陆续播种，分期收获。

栽培方式：成片的专门种植，或与其他蔬菜进行间作套种，或种于边栏地。

2. 栽种要点

（1）品种的选择：品种的选择主要看市场的要求而定。北京地区市场以肉质根圆球形，直径2~3 cm左右，单根重15~20 g，根皮为红色，肉为白色的萝卜被普遍看好，品种有日本的赤丸二十日大根和德国的早红，生长期25~30天，适应性强，喜温和气候，不耐热。扬州水萝卜耐热度较高。四十日大根生长期30~35天，抗寒性较强，不耐热。其次是直根形、白皮白肉的长白二十日大根、玉姬，肉质根横径1.5 cm，长约8 cm，生长期20~25天。

（2）整地、施基肥：种植地要求深耕、晒土，平整细致，施肥均匀。肥料以基肥为主，一般不需追肥，萝卜的生长期短。肉质根细小，对肥料种类及数量要求不严格。一般每公顷施腐熟鸡粪肥或其他厩肥30 000 kg作基肥，播种时再施入过磷酸钙75~105 kg作种肥。

在北方，一般采用平畦栽培，南方雨季及地下水位较高的地块宜用小高畦。畦面做略小些，以便于管理。

（3）播种：萝卜宜直播，一般按行距10 cm开浅沟，沟深约1.5 cm条播，每公顷播种量15～22.5 kg。冷凉地区露地春播，气候寒冷多风、干旱天气播种应于播前浇足底水，播后覆细土，厚约2 cm，以防止土壤板结，并减少水分蒸发，提高土壤温度，有利于种子发芽及幼苗出土。

萝卜的生长期短，植株矮小，可用来与生长期较长的作物间种、套种，以增加单产。间作的播种可在高大作物定植或播种期同时进行。例如，在保护地与结球生菜间作，当结球生菜将要封垄前，萝卜已经收获。

（4）管理：播种后如温度在22～25 ℃时，约2～3天即出苗，当子叶展开时可进行间苗，除去过密苗、弱苗。有3～4片真叶时要及时定苗，株距约3 cm左右。结合间苗进行中耕除草。要经常灌溉，保持湿润，浇水要均衡，不要过干或过湿。如土壤肥力不足，可适当随水施用少量速效氮肥。夏季高温期间应选较阴凉的地方栽培，或利用高生长作物适当遮阳，或架设覆盖遮阳网。

（5）采收：萝卜播种出苗后20～30天，肉质根直径达2 cm时要及时陆续采收，采收过迟，其纤维增加，且易裂根、糠心，影响商品质量。

（6）种子的生产：中国是萝卜的原产地，然而一般都重视大型萝卜的生产栽培，这种小型萝卜虽然有一些优良品种，但供不应求，种子多从国外购进，价格昂贵。为了便于生产，可在国内自繁种子，从冬、春保护地栽培的萝卜选择外形端正、色泽好的植株做种株，严格隔离采种，采得的种子经过试种，如产品整齐、品质好，可于第二年早春用小株采种法扩大采种量。

四、营养价值及食用方法

萝卜含水分较高，并含各种矿物质元素、微量元素和维生素、淀粉酶、葡萄糖、氧化酶腺素、苷酶、胆碱、芥子油、本质素等多种成分，质脆嫩、味甘甜，辣味较大型萝卜轻，适宜生吃，有促进胃肠蠕动、增进食欲、帮助消化等作用。有很多资料报道，萝卜生吃可防癌，是因为萝卜中木质素、胆碱等成分所起的作用。

萝卜除生吃外，还可做泡菜、腌渍、炒食等，萝卜的叶簇所含营养成分更高，食用方法与肉质根相同。

1.营养价值

樱桃萝卜相比其他我们熟悉的白萝卜、红萝卜、青萝卜等，更像一种水果，少了辛辣味儿，而爽脆可口。萝卜含较高的水分，维生素C含量是番茄的3～4倍，还含有较高的矿物质元素、芥子油、木质素等多种成分。萝卜有通气宽胸、健胃消食、止咳化痰、除燥生津、解毒散瘀、止泄、利尿等功效。

2. 食用方法

萝卜根、缨均可食用。根最好生食或蘸甜面酱吃，还可烧、炒或腌渍酸（泡）菜，做中西餐配菜也别具风味。吃多了油腻的食物，不妨吃上几个樱桃小萝卜，有不错的解油腻的效果。

吃萝卜的同时，可千万别随手扔掉萝卜缨，它的营养价值在很多方面高于根，维生素C含量比根高近两倍，矿物质元素中的钙、镁、铁、锌等含量高出根3～10倍。缨子的食用方法与根基本相同，可以切碎和肉末一同炒食，还可做汤食用。

3. 食用萝卜的禁忌

（1）不宜与人参同食。

（2）错开与水果食用的时间，因萝卜与水果同食易诱发和导致甲状腺肿大。

第十七节　马铃薯

马铃薯（学名：Solanum tuberosum），属茄科多年生草本植物，块茎可供食用，是全球第三大重要的粮食作物，仅次于小麦和玉米。马铃薯又称地蛋、土豆、洋芋、山药蛋等。与小麦、玉米、稻谷、高粱并称世界五大作物。马铃薯原产于南美洲安第斯山地的高山区，人工栽培历史最早可追溯到大约公元前8千年到5千年的秘鲁南部地区。马铃薯主要生产国有中国、俄罗斯、印度、乌克兰、美国等。中国是世界马铃薯总产量最多的国家。

2015年，中国启动马铃薯主粮化战略，推进把马铃薯加工成馒头、面条、米粉等主食，马铃薯成为除稻米、小麦、玉米外的又一主粮。

食用马铃薯时若油炸，容易使马铃薯中的淀粉变成变性淀粉，对人身体无益。

一、形态特征

1. 块茎形态

草本，果实为茎块状，扁圆形或高15～80 cm球形，无毛或被疏柔毛。茎分地上茎和地下茎两部分。长圆形，直径约3～10 cm，外皮白色、淡红色或紫色。薯皮的颜色为白、黄、粉红、红、紫色和黑色，薯肉为白、淡黄、黄色、黑色、青色、紫色及黑紫色。

马铃薯

2. 植株形态

须根系。地上茎呈菱形，有毛。初生叶为单叶，全缘。随植株的生长，逐渐形成奇数不相等的羽状复叶。小叶常大小相间，长10~20 cm；叶柄长约2.5~5 cm；小叶，6~8对，卵形至长圆形，最大者长可达6 cm，宽达3.2 cm，最小者长宽均不及1 cm，先端尖，基部稍不相等，全缘，两面均被白色疏柔毛，侧脉每边6~7条，先端略弯，小叶柄长约1~8 mm。

伞房花序顶生，后侧生，花白色或蓝紫色；萼钟形，直径约1 cm，外面被疏柔毛，5裂片，裂片披针形，先端长渐尖；花冠辐状，直径约2.5~3 cm，花冠筒隐于萼内，长约2 mm，冠檐长约1.5 cm，三角形，长约5 mm；雄蕊长约6 mm，花药长为花丝长度的5倍；子房卵圆形，无毛，花柱长约8 mm，柱头头状。

3. 果实形态

马铃薯圆球状，光滑，绿或紫褐色，直径约1.5 cm。种子肾形，黄色，花期为夏季。

二、生长周期

1. 休眠期

马铃薯收获以后，放到适宜发芽的环境中而长时间不能发芽，属于生理性自然休眠，是一种对不良环境的适应性。块茎休眠始于匍匐茎尖端停止极性生长和块茎开始膨大的时刻。休眠期的长短关系到块茎的储藏性，关系到播种后能否及时出苗，因而关系到产量的高低。马铃薯休眠期的长短储藏温度的影响很大，在26 ℃左右的条件下，因品种的不同，休眠期从1个月至3个月以上不等。在温度为0~4 ℃的条件下，马铃薯可长期保持休眠。马铃薯的休眠过程，受酶的活动方向影响，与环境条件密切关联。

2. 发芽期

马铃薯的生长从块茎上的芽萌发开始，块茎只有解除了休眠，才有芽和苗的明显生长。从芽萌生至出苗是发芽期，进行主茎第一段的生长。发芽期生长的中心在芽的伸长、发根和形成匍匐茎，营养和水分主要靠种薯，按茎叶和根的顺序供给。生长的速度和好坏，受制于种薯和发芽需要的环境条件。生长所占时间因品种休眠特性、栽培季节和技术措施不同而长短不一，从一个月到几个月不等。

3. 幼苗期

从出苗到第6叶或第8叶展平，即完成1个叶序的生长，称为"团棵"，是主茎第二段生长，为马铃薯的幼苗期。幼苗期经过的时间较短，不论春作或秋作只有短短半个月时间。

4. 发棵期

从团棵到第12或第16叶展开，早熟品种以第一花序开花，晚熟品种以第二花序开花，为马铃薯的发棵期，为时1个月左右，是主茎第三段的生长。发棵期主茎开始急剧拔高，占总高度50%左右；主茎叶已全部建成，并有分枝及分枝叶的扩展。根系继续扩大，块茎膨大到鸽子蛋大小，发棵期有个生长中心转折阶段，转折阶段的终点以茎叶干物质量与块茎干物质量之比达到平衡为标准。

5. 结薯期

结薯期即块茎的形成期。发棵期完成后，便进入以块茎生长为主的结薯期。此期茎叶生长日益减少，基部叶片开始转黄和枯落，植株各部分的有机养分不断向块茎输送，块茎随之加快膨大，尤在开花期后10天膨大最快。结薯期的长短受制于气候条件、病害和品种熟性等，一般为30～50天。

三、生长条件

马铃薯性喜冷凉，是喜欢低温的作物。其地下薯块形成和生长需要疏松透气、凉爽湿润的土壤环境。

马铃薯对温度的要求：块茎生长的适温是16～18 ℃，当地温高于25 ℃时，块茎停止生长；茎叶生长的适温是15～25 ℃，超过39 ℃则停止生长。

四、营养价值

马铃薯具有很高的营养价值和药用价值，一般新鲜薯中所含成分：淀粉9%～20%，蛋白质1.5%～2.3%，脂肪0.1%～1.1%，粗纤维0.6%～0.8%。100 g

马铃薯中所含的营养成分：热量66～113 J，钙11～60 mg，磷15～68 mg，铁0.4～4.8 mg，硫胺素0.03～0.07 mg，核黄素0.03～0.11 mg，烟酸0.4～1.1 mg。除此以外，马铃薯块茎还含有禾谷类粮食所没有的胡萝卜素和抗坏血酸。从营养角度来看，它比大米、面粉具有更多的优点，能供给人体大量的热能，可称为"十全十美的食物"。人只靠马铃薯和全脂牛奶就足以维持生命和健康。因为马铃薯的营养成分非常全面，营养结构也较合理，只是蛋白质、钙和维生素A的含量稍低，而这正好用全脂牛奶来补充。马铃薯块茎水分多、脂肪少、单位体积的热量相当低，所含的维生素C是苹果的10倍，B族维生素是苹果的4倍，各种矿物质是苹果的几倍至几十倍不等。

新膳食指南建议，每人每周应食薯类5次左右，每次摄入50～100 g。每100 g土豆（马铃薯）含钾高达300 mg，是20多种经常食用的蔬菜水果中含钾最多的。日本一个研究发现，每周吃5～6个土豆，可使中风概率下降40%。

很多人为了减肥，认为薯类含淀粉（糖）较多，视其为增肥食品，望而却步。其实土豆、山芋等含水量高达70%以上，真正的淀粉含量不过20%左右。而且，土豆中仅含有0.1%的天然脂肪。这是其他可做主食的食物所望尘莫及的。

马铃薯鲜薯可供烧煮做粮食或蔬菜食用。但鲜薯块茎体积大，含水量高，运输和长期储藏有困难。为此，世界各国十分注意生产马铃薯的加工食品，如法式冻炸条、炸片、速溶全粉、淀粉以及花样繁多的糕点、蛋卷等，为数达100多种。马铃薯的鲜茎叶通过青储，可做饲料，但其中含龙葵碱，须防止引起牲畜中毒。中国一些地区利用马铃薯茎叶做绿肥，其肥效与紫云英相似。

马铃薯的赖氨碱含量较高，且易被人体吸收利用。脂肪含量为千分之一左右。矿物质比一般谷类粮食作物高一至二倍，含磷尤其丰富。在有机酸中，含柠檬酸最多，苹果酸次之，其次有草酸、乳酸等。马铃薯是含维生素种类和数量非常丰富的作物，特别是维生素C，每百克鲜薯，含量高达20～40 mg，一个成年人每天食用半斤鲜薯，即可满足需要。马铃薯是一种粮、菜兼用的作物，营养成分齐全，在欧洲被称为第二面包作物，由于营养价值高，马铃薯食品已成为目前的一种消费时尚。

五、种植技术

世界各地马铃薯的栽培技术因地理气候条件不同而异。主要利用块茎进行无性繁殖。为避免切刀传染病毒（纺锤块茎、X和S花叶病毒）和坏腐病，应选用直径为3～3.5 cm的健康种薯进行整薯播种。马铃薯最易感染病害，真菌病有晚疫病、疮痂病、早疫病。细菌病有坏腐病、青枯病。病毒病有花叶病、卷叶病、类病毒病以及支原体病害等。虫害有块茎蛾、线虫、地老虎和蛴螬等。大部分栽培品种是通过杂交育种选育而成。鉴于普通栽培马铃薯品种资源的贫乏，近年来尤其重视综合马铃薯的近缘栽培种，包括普通栽培种及二倍体栽培种的染色体组，以利于选育高产、高抗和高淀粉、高蛋白质含量的新品种。选育途径主要有：

（1）利用产生$2n$配子的二倍体杂种与普通栽培种杂交。

（2）利用新型栽培品种与普通栽培种杂交。马铃薯产量高，对环境的适应性较强，中国马铃薯的主产区是西南山区、西北、内蒙古和东北地区。其中以西南山区的播种面积最大，约占全国总面积的1/3。黑龙江省则是全国最大的马铃薯种植基地。

利用块茎无性繁殖时，种薯在土温5～8 ℃的条件下即可萌发生长，最适温度为15～20 ℃。适于植株茎叶生长和开花的气温为16～22 ℃。夜间最适于块茎形成的气温为10～13 ℃（土温16～18 ℃），高于20 ℃时则生长缓慢。出土和幼苗期在气温降至−2 ℃即遭冻害。

开花和块茎形成期为全生育期中需水量最大的时期，如遇干旱，每亩每次灌水15～20 t是保证马铃薯高产、稳产的关键技术措施。

马铃薯一般在亩产1 330～1 650 kg的情况下约吸收氮6.65～11.65 kg，磷酸2.8～3.3 kg和氧化钾9.3～15.3 kg。马铃薯虽能适应多种土壤，但以疏松而富含有机质的（pH为5.5～6.0）黑土最为理想。密度每亩保苗不能少于4 000株。

从美国引进的大西洋土豆，产量高，品质佳，收益显著。其种植技术是：

1. 播前准备

深翻土地24～25 cm，再整平。若播前墒情不足，应提前10天灌水补墒。

2. 肥料配制

提前20天左右按每亩300～500 kg厩肥均匀加入25～50 kg碳酸氢铵在向阳处密封堆好，充分腐熟后混匀，深翻土地时施入并翻入土壤。

3. 种薯播前处理

（1）消毒。每亩用种120 kg，原种用瑞毒霉400～500倍液喷湿。

（2）切块。将每个种薯切成8块以上。因其顶端优势，尽量在顶端有芽眼处多切块，然后用10 mg / kg赤霉素1包加水10 kg浸种5分钟或加水75 kg喷洒种块。

（3）催芽。将薯块平放在适墒净土上，使薯芽向上，上铺2 cm土再平放一层种薯，反复3～4层后再上铺5 cm厚土，堆放在背阳处，用农膜盖严，15天后即可播种。

上述工作一般应在元月中旬前做好，因土豆在膨大期如外界温度超过25 ℃，块茎则停止生长，秧蔓则生长旺盛，所以必须有90～100天的适宜生长期，播种不宜推迟。

4. 播种要求

按行距70 cm、株距20 cm开沟向一边翻土，沟深6～8 cm，放种薯时使薯芽向上，然后覆土起垄高10～15 cm。压实后覆上地膜，在芽顶膜后，破膜覆土。

5. 管　理

当苗长3～5片叶时注意防治蚜虫。显蕾初期和盛花期各追肥1次，一般施瑞毒霉500倍液加尿素或磷酸二氢钾1%加膨大素。薯块膨大期注意加强灌水，以提高产量。

6. 及时收获

6月中旬土豆品质最佳，应及时收获。

六、病虫害防治

土豆的病害主要是晚疫病。防治措施：第一，严格检疫，不从病区调种；第二，要做好种薯处理，实行整薯整种，需要切块的，要注意切刀消毒；第三，在生长期，如发现有晚疫病发病植株，应及时喷药防治，可用50%的代森锰锌可湿性粉剂1 000倍或25%瑞毒霉可湿性粉剂800倍液进行防治。每7天1次，连喷3～4次。

土豆的虫害主要是蚜虫、28星瓢虫和地下害虫。主要防治方法有：蚜虫防治用40%氧化乐果800倍液或10%蚜虱一遍净（蚍虫啉）可湿性粉剂1 000倍进行防治；28星瓢虫用80%敌百虫500倍液或乐果1 000倍液喷雾防治，发现成虫即开始防治；地下害虫主要是蝼蛄、蛴螬和地老虎，用80%敌百虫可湿性粉剂500 g加水溶化后和炒熟的棉籽饼或菜籽饼或麦麸20 kg拌匀做毒饵，于傍晚撒在幼苗根的附近地面诱杀，或用辛硫磷颗粒剂812粉，随播种施入土壤进行防治。

马铃薯产量高，对环境的适应性较强，利用块茎无性繁殖时，种薯在土温5～8 ℃的条件下即可萌发生长，最适温度为15～20 ℃。适于植株茎叶生长和开花的气温为16～22 ℃。夜间最适生态环境块茎形成的气温为10～13 ℃（土温16～18 ℃），高于20 ℃时则形成缓慢。出土和幼苗期在气温降至−2 ℃即遭冻害。

开花和块茎形成期为全生育期中需水量最大的时期，如遇干旱，每亩每次灌水15～20 t是保证马铃薯高产的关键技术措施。

中原地区春季马铃薯上市时，正值全国鲜薯市场紧缺之际，商品薯销售前景非常看好。现将中原地区春季马铃薯无公害高产高效栽培技术做一总结，介绍如下：

1. 品种选择

中原地区春季适合马铃薯生长的时间较短（2月中旬至6月中旬），因此，必须选用结薯早、薯块膨大快、休眠期短、抗逆性强、抗病、高产、优质的早熟品种：新荷兰7号、中丰8号，每亩用种量150 kg左右。

2. 种薯处理

（1）暖种切块。播种前30～35天，先将种薯放到温度12～15 ℃的室内或阳畦中进行暖种处理5～7天，促使种薯迅速解除休眠。暖种后进行切块，方法是：25 kg以下的薯块，仅切去脐尾部即可；25～50 kg的薯块，纵切2块；80～100 kg左右的薯块，可上下纵切成4块；大薯块也可先上下纵切两半，然后再分别从脐尾部芽眼向上依次切块。要求：切块大小均匀一致；每块最少保持一个芽，切口应尽量靠近芽眼；切刀要求快、薄、净。当切到病、烂薯时，用5%的高锰酸钾溶液或75%酒精浸泡消毒。切块后晾切口明水，促使伤口愈合。

（2）催芽处理。伤口愈合后进行催芽。

① 室内催芽：将晾好的种块放入篓中，用潮湿的麻袋覆盖保持室温15～18 ℃。

② 室外催芽：选择背风向阳处建阳畦催芽，畦宽1 m，长度视种子量而定，畦内铺5 cm厚的湿沙，摆放一层种块后，撒上一层湿沙，如此可放种薯2层，切勿堆积过厚，以防烂种。白天确保有充足的光照，夜间在薄膜上覆盖草苫，确保畦内温度保持在15～18 ℃。

3. 地块选择与施肥整地

选择地势平坦、排灌方便、土层深厚、土质肥沃的壤土进行马铃薯生产，避免与茄科作物连作。马铃薯是喜肥高产作物，必须采用"以有机肥为主，氮、磷、钾、微肥结合"的平衡施肥法。如亩产2 500～3 000 kg的田块，施肥标准为：每亩圈肥5～6 m³马铃薯专用复合肥50～75 kg或磷酸二铵、尿素、硫酸钾各25～30 kg，硫酸锌1 kg、硼砂0.5 kg。农家肥结合整地施用，化肥做种肥播种时条施。如采用地膜栽培，应将所用肥料做底肥一次施入；露地栽培应留复合肥25 kg、尿素15 kg或碳铵40～50 kg，在苗出土80%左右时做追肥施用，其余肥料用作底肥一次性施入后进行深耕，耕作深度约20～30 cm。

4. 播 种

（1）适期尽早播种：中原地区适宜春季马铃薯生长的生长期只有60～70天，必须选择早熟品种尽早播种才能优质、高产、高效。一般要求：土壤深10 cm处地温为7～15 ℃时开始播种。中原地区阳畦和小拱棚栽培1月底、2月初播种，地膜覆盖早熟栽培2月底前播种；春露栽培3月上旬播种。

（2）足墒深播：早春地温低，空气干燥，故应深播，播种深度为10 cm。

（3）栽培模式与种植密度：春季马铃薯早熟栽培，宜采用地膜覆盖栽培、小拱棚或大拱棚覆盖栽培。以每亩种植5 500株左右，单行种植垄高15～20 cm，行距60 cm，株距20～25 cm；双行种植垄距1 m，垄宽60 cm，垄高15～20 cm，大行距60～70 cm，小行距40～30 cm，株距27～30 cm。

（4）播种方法：选择寒流过后、温度升高时，采用起垄栽培，朝阳坡播种。播种深度因品种而宜，播种后适当镇压、覆膜。

5. 管 理

春季马铃薯管理应掌握"前促后控"的原则，技术管理要及时，抓早、抓细、早中耕、早追肥、早浇水。促进幼苗早发棵，苗壮生长。开花后根据天气、墒情、枝叶生长情况，酌情追肥，小水勤浇，促秧攻薯，以薯控秧，使薯秧生长协调，防止后期茎叶早衰或徒长。

（1）幼苗期。马铃薯播种后出苗前不宜灌溉，待苗出土80%左右时，进行第一次中耕除草和追肥培土，本次追肥宜早不宜晚。苗追施碳铵50 kg，沿种植行8 cm处条施并中耕培土，追肥后及时浇水；足墒播种苗期尽量少浇水，以提高地温，促进早发棵；此时要注意及时防治蚜虫；封垄前结合长势，每亩可追施硫酸钾型复合肥10～15 kg，同时进行最后一次中耕除草高培土。

（2）结薯期。出苗后25天现蕾（7～8片叶时又称团棵期），薯块开始膨大，此时进行培土、浇水、防治蚜虫、预防晚疫病等，严禁使用多效唑。5月上旬开花初期（16片叶左右）马铃薯进入迅速膨大期，此时要及时喷药防治晚疫病。在生长后期土壤含水量保持在60%～80%，根据墒情及时浇水，绝不能缺墒，确保土壤湿润，忌大水漫灌，地皮见干、见湿为宜。收获前雨水较多，要及时排水，不能有积水。收获前7～10天左右应停止浇水，防止烂薯，利于储藏。

6. 病虫害防治

按照"预防为主，综合防治"的原则进行防治。春季马铃薯病害有病毒病、晚疫病、疮痂病等，虫害有蚜虫、地老虎、蛴螬、茶黄螨、潜叶蝇等。

（1）病毒病。病毒病是造成马铃薯薯种性退化、产量降低的主要原因，应重点防治。措施有：选用脱毒种薯；适当调整播种期：春季早播早收，避开蚜虫迁飞高峰，躲过高温影响；发现感病植株应立即拔除，及时防治蚜虫、白粉虱等传病毒昆虫；发病初期喷洒糖+醋+酒+羊奶混合液，或1.5%植病灵Ⅱ号乳剂1 000倍液防治。

（2）晚疫病。晚疫病在温度较低、湿度较大的条件下容易发生。在开花前后要采用喷药预防，重点喷叶子背面。防治方法：选用抗病性强；精选种薯淘汰病薯；在开花前后，用70%代森锰锌、25%瑞毒霉或58%瑞毒锰锌预防喷施，每7天左右喷1次，连续喷3次，交替使用。

（3）疮痂病。疮痂病是一种放线菌病害，土壤碱性、施不腐熟的有机肥料、结薯初期土壤高温、高湿时发病严重。防治方法：轮作倒茬，不要在碱性地块种植马铃薯，施用有机肥料要充分腐熟；适当早播，可提前收获，使马铃薯结薯期避过高温；块茎膨大期应小水勤浇，保持土壤湿润但不能积水；药剂防治：用1.5～2 kg硫黄粉撒施后犁地进行土壤消毒，播种开沟时再消毒。

（4）蚜虫和菜青虫。可用5%抗蚜威、10%吡虫啉、20%的氰戊菊酯或10%氰氯菊酯等药剂交替喷雾。

（5）地老虎、蛴螬等地下害虫。犁地前，用3%辛硫磷颗粒剂5～6 kg/亩均匀地撒施；也可在播种时，用麸皮2～3 kg药麸，2～3次即可。

（6）茶螨螨。用73%炔螨特乳油2 000～3 000倍稀释液，或0.9%阿维菌素乳油4 000～6 000倍稀释液，5天喷药1次，连喷3次。

7. 马铃薯的收获（土豆种子）

春季阳畦栽培、双膜覆盖栽培马铃薯，4月底至5月初收获；地膜覆盖栽培5月中旬收获；露地商品薯6月上中旬收获。

8. 秋马铃薯种植

使用的是春季基地繁育的种薯，收获时间短，没完全渡过休眠期。所以，必须对它进行打破休眠的处理，否则会造成出苗不齐不全、减少产量。对春季生产种薯进行打破休眠处理，可以使用在短时间内能起到解除休眠的化学药剂。目前使用效果较好的药剂，有以下几种：

（1）用赤霉素（920）打破休眠：把切好的芽块，放进5～10 ppm浓度的赤霉素溶液中浸泡15～20分钟，捞出后放入湿沙中，保持20 ℃左右的温度即可。

（2）用硫脲打破休眠：把切好的芽块放入1%硫脲溶液中浸泡1小时，捞出后放入湿沙中即可。

（3）用熏蒸法打破休眠：所用药剂为二氯乙醇、二氯乙烷和四氯化碳，将三者按7：3：1的容量比例，混合成熏蒸液，用以熏蒸种薯。

第十八节　白萝卜

一、品　种

白萝卜主要有大缨、二大缨、小缨等几个品种，它们的共同特点是：羽状裂叶，叶色深绿，叶面光亮。肉质根为长圆柱形；肉质根出土部分多，皮为深绿色或绿色，肉质淡绿至翠绿色。

白萝卜

大缨白萝卜：叶丛较开张，植株生长势强。大头羽状裂叶，叶色深绿，裂叶大而厚。肉质根长圆柱形，长30 cm左右，入土部分外皮白色。肉质淡绿色，质地较松脆，微甜，辣味小。因主要适用于熟食菜用，而且熟食菜比例下降，该品种只有少量栽培。

小缨白萝卜：叶丛半直立，植株生长势较弱。大头羽状裂叶，裂叶边缘缺刻多而深，叶色深绿，裂叶较小而薄。肉质根为长圆柱形，长25 cm左右，径粗5 cm左右。肉质根出土部分占总长的3/4，皮较薄，外披一层白锈，为灰绿色。入土部分皮为白色，尾根较细。肉质为翠绿色，生食脆甜、多汁，味稍辣，主要用于生食。该品种单株肉质根重约0.75 kg。该品种表现抗病、丰产、品质好，是白萝卜中的主栽品种。

二、生长习性

幼苗期生长温度为15～20 ℃，肉质根膨大期所需昼夜温差7～12 ℃，受冻温度为1～2 ℃，水分不足，小而辣、易糠心。

三、生长阶段及时间

从播种到收获约3个月，分为4个生长阶段：

1. 发芽期

从播种到第一片真叶长开前，历时3～4天。

2. 幼苗期

从第一片真叶展开到白萝卜破肚露白，历时14天。

3. 叶片生长旺盛期

破肚露白后随着叶片的不断生长，根头部小于根肩部，称为露肩，这个阶段叶片生长旺盛，历时22～25天。

4. 肉质根生长旺盛期

从露肩到收获，历时45天左右。

四、栽培技术

1. 栽培时间及土地要求

露地栽培在8月中下旬，保护地栽培在9月份，白萝卜的前茬作物最好是瓜类蔬菜，其次是葱蒜类、豆类蔬菜及其小麦等粮食作物，它不适宜与小白菜、小油菜、甘蓝等十字花科蔬菜进行连作，最好每隔2～3年轮作一次。

2. 土地准备

深翻30 cm，畦面1.7 m，畦埂35 cm，高15～20 cm。要施足底肥，每亩5 t，一般根据生产测定，每生产1 000 kg白萝卜需要氮4 kg、磷2.5 kg、钾6 kg，每亩施用硫酸钾复合肥10～15 kg，饼肥50 kg，锌肥1 kg。硼肥0.5 kg，锌肥和硼肥可以隔年施用。

3. 播 种

行距28 cm，挖沟，播深1.5 cm，每亩用种量500～550 g，播种后"镇压"，立即浇蒙头水。

4. 间 苗

播种3～4天，小苗出齐后间苗，间苗时要轻，避免碰到旁边的小苗，第一次间苗苗间距为4～5 cm。当小苗长出3～4片真叶时，要进行第二次间苗，苗间距为10～12 cm，当小苗长出5～6片真叶时要进行定苗，苗株距27～30 cm，每亩6 000株左右。

5. 除草

定苗后要进行中耕除草一次，这次中耕要浅除，以免伤及小苗根部，当肉质根长到1 cm粗时，可以进行一次深中耕，使土壤疏松，利于白萝卜生长。

6. 浇水

浇水应掌握先控后促的原则。在发芽期一般不需要浇水，在幼苗期要注意小水勤浇，保持土壤湿润，水流不能太急，以兑冲歪小苗，造成大面积歪长，影响品质，在叶片生长期地要"不干不浇"，地发白才浇，浇水不可过多，以避免叶片旺长。露肩以后肉质根进入迅速膨大期，需水量较多，要浇足、浇匀，注意防涝、防旱，一般5～6天浇一次水，最好在傍晚浇，采收前3～4天停止浇水。

7. 培根

用土培根的时间在长出3～4片真叶，根部有火柴棍那么粗的时候，培土不要过多，能栽住即可，注意用力不要过大，以免伤到根皮，形成疤痕。

五、病虫害的防治

1. 白粉虱

幼苗期主要是白粉虱，危害时间长，发生面积大，如果防治不及时，会使白萝卜失去商品价值。可施用10%吡虫啉4 000～6 000倍液进行喷雾防治。每隔2～3天喷药一次。如果白粉虱发生量小，可以适当延长间隔时间。

2. 软腐病

在白萝卜的幼苗期常发生的病害是软腐病，它发病的症状是新叶萎蔫，病叶边缘出现黄褐色枯斑，根部发黑，干腐软化，可施用72%农用硫酸链霉素可湿性粉剂1000～1500倍液或14%络氨铜水剂300～350倍液喷雾。同时将病株带出。

3. 霜霉病

在白萝卜叶生长盛期和肉质根生长盛期，常发生的病害是霜霉病，它主要危害叶片，发病叶片背面产生白色霉层，正面产生淡绿色斑点，严重时病斑连成片，病叶枯死，可用25%甲霜灵可湿性粉剂600倍液或用72%霜脲锰锌可湿性粉剂800倍液喷雾防治，我们根据病害发生情况，每隔7～10天防治一次，连续防治2～3次。采收前半个月应停止用药。进入10月份，露地栽培的白萝卜就相继进入采收期，当白萝卜达到400 g以上时就可以采收了。

第五章　豆类家庭蔬菜栽培技术管理

课程内容及教学要求	活动设计
1. 了解本地区豆类主要种类及品种特性 （1）能了解菜豆主要种类及品种特性； （2）能了解菜用大豆主要种类及品种特性； （3）能了解其他豆类主要种类及品种特性 2. 能了解豆类作物的生长特点及栽培特性 （1）能了解豆类作物的生长特点； （2）能了解豆类作物的栽培特性 3. 掌握豆类蔬菜（菜豆、豇豆、豌豆、菜用大豆等）的定植、肥水管理、植株调整、采收等操作 （1）掌握菜豆的定植、水肥管理、植株调整、采收等操作； （2）掌握菜用大豆的定植、肥水管理、采收等操作	豆类家庭蔬菜栽培技术，分组进行下列操作 （1）调研豆类主要的种类和品种与栽培季节的关系。合理选择种类和品种。写出种类和品种、播种期、定植期、收获期，预计大致的产量； （2）对菜豆（或豇豆、豌豆、菜用大豆）进行播种或定植。具体包括之前的材料准备、整地作畦，播种或定植； （3）对菜豆（或豇豆）进行植株调整。包括搭架整枝等； （4）对菜豆（或豇豆）进行采收。掌握采收标准及采收操作等

第十九节 扁 豆

扁豆起源于亚洲西南部和地中海东部地区，适于冷凉气候，多种在温带和亚热带地区，在热带地区常在最寒冷的季节或在高海拔地区栽培，我国主产于山西、陕西、甘肃、河北、河南、湖北、云南、四川等地。

一、扁豆的生长习性

扁豆的种子适宜发芽温度为22～23 ℃，植株能耐35 ℃左右高温，根系发达强大、耐旱力强，对各种土适应性好，在排水良好而肥沃的沙质土壤或壤土种植能显著增产。

扁 豆

二、扁豆的种植时间

扁豆一般都在夏季露地搭架栽培，通常1月中旬以后就可陆续播种，但是不同的地区播种时间也是不一样的，比如，长江流域扁豆的种植时间是5月至7月底前播种，华北地区的扁豆种植时间多在6月播种。

三、扁豆的种植技术

1. 人工搭架种植

扁豆一般直播，整地施肥等与四季豆（架刀豆）相同，畦宽133 cm，高10～15 cm，沟宽50 cm，每畦种植两行，行距70～80 cm，株距50 cm。露地栽培4月上、中旬直播，每穴播种3～4粒，覆土3～4粒，每亩需种量约3.5～4 kg。出苗后匀苗，每穴苗2株。匀苗后，每亩追施人粪500 kg，蔓长35 cm时搭人字架，引蔓上架，结果期追肥两次，每次施人粪尿500 kg，中耕、除草与四季豆相同。

2. 不设支架栽培

扁豆的早熟品种不设支架栽培，先整地、施基肥，做成畦，塑料棚冷床育苗，苗期30天，4月中、下旬定植，行、株距各为40 cm，每穴栽苗4株，当株高50 cm时，留40 cm摘心，使其生侧枝，当侧枝的叶腋生出次侧枝后再行摘心，连续4次，采收后，见生出嫩枝仍可继续摘心，使植株呈丛生状，采收期在7月上旬，亩产800～1 000 kg。

第二十节　荷兰豆

豌豆别名荷兰豆、麦豆等，一年生或两年生攀缘草本。嫩荚、嫩斗笠和嫩梢均做菜用。荷兰豆嫩荚质脆清香，营养价值很高。在荷兰，被称为"中国豆"。荷兰豆属半耐寒生作物，喜冷凉、湿润气候。瓦维诺夫认为豌豆起源中心为埃塞俄比亚、地中海和中亚，演化次中心为近东。也有人认为起源于高加索南部至伊朗。荷兰豆是古老作物之一，广泛分布于世界各地。

荷兰豆

荷兰豆和主要作为粮食与制淀粉用的麻豌豆相似（皖北民间一直有用麻豌豆做凉皮的传统，口感非常好，其次用料为荷兰豆，之后才有其他材料代替）。

荷兰豆属长日照作物，延长光照可提早开花，整个生育期都要求较高的空气湿度和土壤水分，但不耐涝，对土壤条件要求不严格，土壤适宜pH为5.5~6.7，pH若低于5.5，根瘤菌的发育受抑制。苗期需要一定的氮肥，生长中期应注意施用磷肥促进根瘤菌生长。荷兰豆按其茎的生长习性可分为矮生、半蔓生和蔓生三种类型。长江流域，春季栽培，2月中下旬播种。秋季栽培，8月中下旬播种。越冬栽培10月下旬至11月上旬陆续播种。北方一般春耕、夏收，也可利用保护地于早春和秋季栽培。

一、形态特性

荷兰豆是一年生或两年生草本植物。直根系，侧根少，主要分布在20 cm土层内。茎矮生或蔓生，中空易折断。分枝性强，偶数羽状复叶，叶面略有蜡粉或白粉。

花单生或对生于叶腋处，呈蝶形，为白色、紫色或紫红色。荚果为浓绿色或黄绿色，扁平长形。种子有圆粒光滑或皱粒两种粒型。种子千粒重150~180 g。

二、生物学特性

荷兰豆属半耐寒性植物，喜冷凉而湿润的气候，较耐寒，不耐热。种子在4 ℃以下能缓慢发芽，但出苗率低，时间长。吸胀后的种子在15~18 ℃下仅4~6天即可出苗，30 ℃的高温条件不利出苗，种子易霉烂。幼苗可耐-5 ℃的低温，生长期适温为12~20 ℃，开花期适温为15~18 ℃，荚果成熟期适温为18~20 ℃；温度超过26 ℃时，授粉率低，结荚少，品质差，产量低。

三、类 型

按豌豆的用途，分为粮用豌豆和菜用豌豆，按茎的生长习性分蔓生、半蔓生和矮生类型，按品种的熟性分为单熟、中熟和晚熟三类；按豆荚的结构分为软荚和硬荚两类，按食用部分为荚用、籽粒用、嫩梢用三类；按籽粒表皮形态又分为圆粒和皱粒。

四、营养价值

荷兰豆性平、味甘，具有和中下气、利小便、解疮毒等功效，能益脾和胃、生津止渴、除呃逆、止泻痢、解渴通乳。常食用对脾胃虚弱、小腹胀满、呕吐泻痢、产后乳汁不下、烦热口渴均有疗效。其种子粉碎研末外敷可除痈肿。与糯米、红枣煮粥食用，具有补脾胃、助暖去寒、生津补虚、强肌增体之功效。

荷兰豆是营养价值较高的豆类蔬菜之一。其嫩梢、嫩荚、籽粒，质嫩清香极为人们所喜食。每100 g嫩荚含水分71.1~78.3 g，碳水化合物14.4~29.8 g，蛋白质4.4~10.3 g，脂肪0.1~0.6 g，胡萝卜素0.15~0.33 mg，还含有人体必需的氨基酸。每100 g豌豆含蛋白质7 g，碳水化合物12 g，热量33.4 kJ，钙17 mg，磷90 mg，铁0.6 mg，胡萝卜素0.15 mg，硫胺素0.54 mg，核黄素0.09 mg，烟酸

2.8 mg，维生素C 14 mg。豌豆含有一种特有的植物凝集素、止权素及赤霉素A20等，这些物质对增强人体新陈代谢功能有重要的作用。

五、栽培技术

（一）栽培要求

1. 荷兰豆属长日照植物

大多数品种在延长光照时能提早开花，缩短光照时延迟开花，但是有些早熟品种对光照要求不严格。一般品种在结荚期都要求较强的光照和较长时间的日照，但不宜高温。

2. 荷兰豆在整个生长期都要求较多的水分

种子发芽过程中，若土壤水分不足，种子无法吸水膨胀，会大大延迟出苗期。苗期能忍受一定的干旱气候。开花期若遇空气湿度过低，会引起落花、落荚。在豆荚生长期若遇高温干旱，会使豆荚纤维提早硬化，过早成熟而降低品质和产量。所以，在荷兰豆的整个生长期内，必须有充足的水分供应才能使其旺盛生长，荚大粒饱，保质保量。但它又不耐涝，若水分过大，播种后易烂籽，苗期易烂根，生长期易发病。

3. 荷兰豆对土壤的适应能力较强

以疏松、富含有机质的中性土壤为宜，在pH6.0～7.2的土壤中生长良好。土壤酸度低于pH5.5时，易发病害。荷兰豆忌连作，一般至少4～5年之后才能轮作。

（二）选择并整理土地

荷兰豆主根系发育早而迅速，栽培适宜选择土层深厚，通透性良好、疏松、地势高，易于排水的沙质土壤种植。应在坐北朝南的开阔地方种植，选择3年未种植过的土地种植荷兰豆最好，采取连片种植的方式，播种前可结合翻土，另加硼砂、硫酸锌和硫酸锰，当然也可以使用绿色肥料。整理好土地后做好畦，并且最好挖好围沟、腰沟，沟与沟相连以利于排水。

（三）播　种

播种荷兰豆要因地制宜，一般在11月份的中旬到下旬。选用粒大饱满，整齐、无公害的种子播种，这样保证出苗整齐、健壮。在播种前应晒种子2～3小时，并对其进行消毒。播种时采取每穴3粒，开穴播种，最后铺上稻草可保温防冻，防除杂草、秸秆还田改良土壤的功效。还可以在此时播撒草木灰，加强营养。

一般采用直播。畦宽100 cm，每畦种两行，畦宽150 cm，每畦种3行。条播每隔20~25 cm播3粒种子；穴播，穴距30 cm，每穴播3~4粒种子，覆土3 cm。若育苗移栽，苗龄25~30天左右。

1. 需注意的细节

（1）品种选择：荷兰豆有矮生种、半蔓生种、蔓生种，又分普通和甜味豆、荚用荷兰豆和苗用荷兰豆。

（2）根据气候条件，选择正确的播种期。

（3）切忌连种，要选择2~3年未种过荷兰豆的地块种植。

2. 浇水与排水

根据荷兰豆的特性，在浇水时没什么过多要求，因为荷兰豆的适应能力强，农民可根据自己的土地情况实时浇水。但是处在生长期间若遇到灾害，可浇水保湿。尤其是在开花期间，如果太过干燥，会引起花荚的掉落。但是雨水太多，此时要及时地开通河沟，进行排水，防止根腐病的发生。

结合中耕除草，追肥2~3次，分别在苗期、抽蔓期和结荚期进行，追施复合肥8~15 kg。蔓生型荷兰豆在开始抽蔓后，要设支架防倒伏，以利卷须攀缘。在水分管理上要保证充足的土壤水分。但不能积水，另外苗期为了促进根系发育，可不浇或少浇水。

3. 对于施肥

（1）做好幼苗期的及时施肥，幼苗期需要的肥料营养很多，要及时做好施肥工作。

（2）做好中期的施肥，春季返青前，植物经过了一冬天的消耗，能量所剩无几，所以此时施肥犹如及时雨，易于荷兰豆吸收，对后期的生长有很重要的作用。

（3）做好成熟期的施肥，这时花茎都长成熟，所需能量更是平常生长期的几倍，在荷兰豆生长期应加强水肥的管理，为最后的采收做准备。

4. 病虫害防治

因为荷兰豆的特性与特征，所以其病虫害主要有以下几种：蚜虫、潜叶虫、根腐病、叶斑病等。所以要采取"预防为主，综合防治"的方针。

六、病 害

春季是荷兰豆的病害高发期，因为天气干燥，温度回升，所以很容易发生根腐病、枯萎病等多种病害。针对上述病症，建议农民采取每667 m²用97%恶霉灵可湿性粉剂3 000倍液浇地，每穴在100 mL左右即可。在白粉病、褐斑病等发病初期可采取75%百菌清可湿性粉剂2 250～3 000 g兑水750 kg喷雾使用。

　　菌核病用50%速克灵可湿性粉剂1 000倍液、50%扑海因可湿性粉剂1 000倍液、50%托布津可湿性粉剂1 000倍液、50%多菌灵可湿性粉剂800倍液喷施。

　　白粉病用40%福星乳油5 000～6 000倍液、10%世高水溶性颗粒剂1 000～1 200倍液、47%加瑞农可湿性粉剂800倍液喷施。

　　褐斑病用40%福星乳油5 000～6 000倍液、80%山德生可湿性粉剂600～800倍液、80%大生M-45可湿性粉剂800倍液喷施。

　　任何一种植物的幼苗期都是非常关键的，但此时虫害又是高发期，我们一定在此时做好防范工作。此时易出现蚜虫、黄曲条跳甲等害虫，这时我们可采取的防治方法是每667 m²地喷生物农药天泰600～750 kg的兑水液体。如果只是单纯的防治蚜虫，荷兰豆整枝注意的几个问题可按照每667 m²计量为300～450 kg的吡虫啉兑水喷雾即可。除此之外，也应及时清除杂草，利于荷兰豆吸收更多的营养。

　　豆野螟用25%杀虫双水剂500倍液、高含量BT乳油500倍液、90%敌百虫800～1 000倍液喷杀。

　　豆蚜用黄板诱杀，或用20%康福多可溶性浓液剂4 000～5 000倍液、12.5%一遍净可溶性浓液剂3 000倍液喷杀。

　　豌豆潜叶蝇用48%乐斯本乳油1 000倍液、40%乐果乳剂1 000倍液喷杀，并及时采收。

　　荷兰豆要及时采收，否则会因为时间上的延误导致不新鲜，叶子变厚、变大，纤维量增加，质量变差，合格率下降，最终影响荷兰豆的整体质量，进而降低农民的收益，所以采收时要选择新鲜、有光泽、无病虫害、无畸形的荷兰豆，这样有利于市场的销售。

第二十一节 豇 豆

豇豆（cowpea）为一年生缠绕草本植物，无毛，学名：Vigna unguiculata
（Linn.）Walp，俗称角豆、姜豆、带豆。豇豆分为长豇豆和饭豇两种，顶生小
叶菱状卵形，长5～13 cm，宽4～7 cm，顶端极尖，基部近圆形或宽楔形，两
面无毛，侧生小叶斜卵形；托叶卵形，长约1 cm，着生处下延成一短距。总状
花序腋生；萼钟状，无毛；花冠淡紫色，长约2 cm，花柱上部里面有淡黄色须
毛。荚果线形，下垂，长可达40 cm，花果期为6～9月。

豇 豆

豇豆亦称中国豆或黑眼豆（black-eyedpea），豆角。豆科（fabaceae）一年
生植物Vigna unguiculata的栽培型。原产于印度和中东，但很早就栽培于中国。
复叶，小叶3枚。花为白色、紫色或淡黄色，常成对或三数生于细长的序轴柄末
端。荚果长，圆柱形。短荚饭豆（V.u. catjang）的荚果长7.5～12.5 cm。尺八豇
（V.u. sinensis）荚果长20～30 cm。美国南部广泛栽培豇豆作为干草作物、绿肥
作物或食用其荚果。

做蔬菜食用的豇豆品种很多，根据荚的皮色不同分成白皮豇豆、青皮豇豆、
花皮豇豆、红皮豇豆等，根据各品种对光照长短的不同反应，对光照长短反应不
敏感的品种有红嘴燕等，对光照长短反应敏感的有上海、扬州的毛芋豇豆，苏

州、无锡栽培的北京豇豆等品种；种子可入药，能健胃补气、滋养消食。

一、生理特征

豇豆分为长豇豆和饭豇豆两种。长豇豆一般作为蔬菜食用，既可热炒，又可焯水后凉拌。李时珍称"此豆可菜、可果、可谷，备用最多，乃豆中之上品"。

豇豆为豆科，属长形豆荚，起源于非洲。豇豆传到印度后，形成了短荚豇豆种；在东南亚或中国形成了长荚豇豆亚种。嫩豆荚肉质肥厚，炒食脆嫩，也可烫后凉拌或腌泡。干种子含水分13.4～15.5 g，蛋白质约24 g，碳水化合物50.3～54.5 g，纤维素3.8～4.7 g，还有多种氨基酸，维生素和矿物质。干豆粒与米共煮可做主食，也可做豆沙和糕点馅料等。

二、分布范围

豇豆广泛分布在热带、亚热带、温带地区。豇豆在我国栽培历史悠久，资源丰富。除个别省、自治区外，都有豇豆的生长。主要产地有我国河南、山西、陕西、山东、广西、河北、湖北、安徽、江西、贵州、云南、四川及台湾等地区。

三、生长习性

豇豆又叫豆角、带豆，原产亚洲东南部，我国自古就有栽培，尤以南方普遍种植。嫩荚可炒食、凉拌、泡食或腌渍晒干，种子可代粮和做馅料，营养丰富，味道鲜美，供应期长，为解决8～9月夏秋淡季的主要蔬菜之一。长期以来，因品种退化变劣，病害严重，致使产量及品质下降，被认为是低产作物，个别地区甚至无法种植。

近年来，广大科技人员和菜农对原有农家品种进行了提纯复壮，选出了一批新品种，对促进豇豆生产起到了积极作用，如四川成都的红嘴燕，陕西的罗裙带，华南农学院的银燕等，尤其是1980年以来，浙江省农科院园艺所蔡俊德等专家育成"之豇28-2"新品种。具有早熟、高产、品质佳，高抗蚜虫、花叶病毒病，适应性广等特点，并依品种特性研究提出配套的栽培技术，经全国26个省市推广，平均亩产1 969.5 kg，增产33.6%，经济效益和社会效益显著，仅推广三四年即在全国范围内形成了一次品种更新，成为主栽品种，使我国豇豆栽培进入了一个新的发展阶段。

四、生物学特性

1. 形态特征

豇豆属豆科一年生植物，茎有矮生、半蔓生和蔓生三种。南方栽培以蔓生为主，矮生次之。叶为三出复叶，自叶腋抽生20～25 cm长的花梗，先端着生2～4对花，其颜色为淡紫色或黄色，一般只结两荚，荚果细长，因品种而异，长约30～70 cm，色泽有深绿、淡绿、红紫或赤斑等。每荚含种子16～22粒，肾脏形，有红、黑、红褐、红白和黑白双色籽等，根系发达，根上生有粉红色根瘤。

2. 生长习性

豇豆要求高温，耐热性强，生长适温为20～25 ℃，在夏季35 ℃以上高温仍能正常结荚，也不落花，但不耐霜冻，在10 ℃以下较长时间低温下，生长受抑制。豇豆属于短日照作物，但作为蔬菜栽培的长豇豆多属中光性，对日照要求不甚严格，如红嘴燕、之豇28-2等品种，南方春、夏、秋季均可栽培。豇豆对土壤适应性广，只要排水良好、土质疏松的田块均可栽植，豆荚柔嫩，结荚期要求肥水充足。

五、品种分类

豇豆按其荚果的长短分为三类，即长豇豆、普通豇豆和饭豇豆；按食用部位分为食荚（软荚）和食豆粒（硬荚）两类；作为蔬菜栽培的分为长豇豆和矮豇豆。

1. 长豇豆

茎蔓生长旺盛，长达3～5 m以上，栽培时需设支架。豆荚长30～90 cm以上，荚壁纤维少，种子部位较膨胀而质柔嫩，专做蔬菜栽培，宜煮食或加工用，优良品种很多。如早熟品种有红嘴燕、之豇28-2、四川五叶子、重庆二巴豇、广州铁线青、龙眼七叶子、贵州青线豇；中熟品种有四川白胖豆、武汉白鳝鱼骨、广州大叶青；晚熟种有四川白露豇、广州金山豆、浙江512、贵州胖子豇、江西八月豇、广州八月豇等。

（1）红嘴燕蔓生。以主蔓结荚为主，初花着生于第4～5节，结荚多，嫩荚为白绿色，末端为紫红色，荚长55 cm左右，品质中等，种子为黑色，亩产1 250 kg左右。

（2）之豇28-2。系浙江农科院园艺所育成，蔓生，主蔓结荚，第一花序着生于第4～5节，第7节后节节有花序。嫩荚为淡绿色，结荚多，早熟高产，品质佳，荚长65～75 cm，耐热性强，适应性广，抗蚜虫、花叶病毒病性强，种子为红紫色，春、夏、秋季均可栽培，亩产1 750～2 000 kg以上。目前已成为全国主栽品种之一。

（3）铁线青蔓生。分枝2～3条，主蔓自第5～6节开始着花，嫩荚为深绿色，长45～50 cm，末端为红色，种子为浅红色，耐寒性强，品质佳。

（4）八月豇。如江西三村晚豆豇，蔓生，分枝强，蔓第1～2节开始着生花序，每轴花2～3对，结荚2～4条，荚为深紫色，长20～30 cm，耐热，于6月上旬播种，8～9月陆续采收。

（5）白胖豇豆蔓生。第一花序着生于8～11节，以后每隔2～3节着生一花序，豆荚白而粗，长约36 cm，横径1.1 cm，厚1.2 cm，种子茶褐色，中熟，肉质厚而细嫩、味较甜、品质佳、产量较高。

（6）红鳝鱼骨蔓生。分枝性弱，第一花序着生第4～5节，荚长45～66 cm，每荚含种子16～22粒，种子为土红色，稍晚熟，不耐旱，耐涝，荚肉厚，脆嫩，不易老化，品质佳。亩产1250 kg左右。

2. 矮性种株

高40～50 cm，荚长30～50 cm，鲜荚嫩，成熟坚硬，呈扁圆形。种子部位膨胀不明显，鲜荚做菜或种粒代粮。如南昌扬子洲黑子和红子，上海、南京盘香豇，厦门矮豇豆，武汉五月鲜，安徽月月红等。

（1）盘香豇。植株矮生，分枝多，荚长20～26 cm，淡绿带紫色，卷曲如盘香状，6月下旬播种，9月中旬至10月中旬收嫩荚，品质佳、产量低。

（2）五月鲜。株高50～68 cm，第一花序着生于第三节，荚长20～25 cm，青白色，结荚多，每荚含种子12粒左右，种皮为淡红色，极早熟，宜做泡渍，3月下旬至7月可陆续播种，于5～10月上市。

六、栽培技术

1. 育　苗

豇豆易出芽，不需浸种催芽，育苗的苗床底土宜紧实，以铺6 cm厚壤土最佳，以防止主根深入土内，多发须根，移苗时根群损伤大。所以当苗有一对真叶时即可带土移栽，不宜大苗移植。有条件的可用营养钵或穴盘育苗，每钵两苗或三苗。

2. 定　植

断霜后定植，苗龄20～25天，定植田要多施腐熟的有机肥，每亩3 000～5 000 kg，过磷酸钙25～30 kg，草木灰50～100 kg或硫酸钾10～20 kg，定植密度行距66 cm，穴距10～20 cm，每亩3 000～3 500穴，每穴双株或三株（育苗时即可采用两三株的育苗方式，方便以后定植）。定植后浇缓苗水，深中耕蹲苗5～8天，促进根系发达。

3. 直 播

断霜后露地播种，蔓生品种密度为行距66～70 cm，株距20～25cm，每穴4～5粒，留苗2～3株，矮生品种行距50～60 cm，株距25～30 cm。播后用脚踏实，使土和种子充分接触，吸足水分以利出芽，有70%芽顶土时，轻浇水1次，保证出齐苗。浇水后及时深中耕保墒、增温蹲苗，促使根系生长。

七、肥水管理

豇豆忌连作，在施足基肥的基础上，幼苗期需肥量少，要控制肥水，尤其注意氮肥的施用，以免茎叶徒长，分枝增加，开花结荚节位升高，花序数减少，形成中下部空蔓不结荚。盛花结荚期需肥水多，必须重施结荚肥，促使开花结荚增多，并防止早衰，提高产量。以春豇豆为例，齐苗及抽蔓期追施10%～20%人粪水1～2次；当植株进入初花期，营养生长与生殖生长同时并进，结果数增多，每亩重施人粪1 500～2 000 kg，促使其多开花结荚；采收期间，每隔4～5天施粪水一次，共施3～4次。豇豆耐旱，南方春季雨水较多，一般不必灌水，而夏秋季高温干旱，应结合施肥灌水，以减少落花落荚，并防止蔓叶生长早衰，延长结果时间，提高产量。

八、病虫害防治

蚜虫主要在苗期危害，并能传播豇豆花叶病毒病，用40%乐果每7～10天喷一次。豆野螟一般于7～8月间（夏秋豇豆）大量发生，危害豆荚。花期用敌敌畏800倍液每6～10天喷一次，南方夏秋季雨水多时，常会引起豇豆煤霉病危害。发生初期，可用50%多菌灵1 000倍液或50%托布津1 000倍液喷2～3次即可防治，而豇豆锈病可用70%甲基托布津可湿性粉剂1 000倍液或65%代森锌500倍液，每隔7～10天喷一次，共喷2～3次。

第六章　叶菜类家庭蔬菜栽培技术管理

课程内容及教学要求	活动设计
1.了解本地区叶菜类主要种类及品种特性 （1）能了解本地区青菜主要种类及品种特性； （2）能了解本地区芹菜主要种类及品种特性 2.能了解叶菜类蔬菜的生长特点及栽培特性 （1）能了解叶菜类的生长特点； （2）能了解叶菜类的栽培特性 3.能掌握叶菜类蔬菜的定植、肥水管理、采收等操作 （1）能掌握青菜的定植、肥水管理、采收等操作； （2）能掌握芹菜的定植、肥水管理、采收等操作	叶菜类家庭蔬菜栽培技术：分组进行下列操作 （1）调研叶菜类作物的种类和品种与栽培季节的关系。合理选择种类和品种。写出种类和品种、播种期、定植期、收获期，预计大致的产量； （2）对青菜或芹菜进行定植。具体包括之前的材料准备、整地作畦，播种或定植； （3）对青菜或芹菜进行肥水管理、采收等操作

第二十二节　西兰花

西兰花原产于地中海东部沿岸地区，目前，我国南北方均有栽培，已成为日常主要蔬菜之一。营养丰富，含蛋白质、糖、脂肪、维生素和胡萝卜素，营养成分位居同类蔬菜之首，被誉为"蔬菜皇冠"，具有很高的种植前景。下面，我们就一起来看一看西兰花的种植时间。

一、西兰花的种植时间

西兰花的种植时间通常是在秋季开始播种，冬季成长，春节后正常上市，自春天开始，开花至四五月份种子成熟，夏秋育苗在8～10月内高温季节育苗，这时气温一般在25 ℃以上，有时30～35 ℃的高温，加之还有暴雨、冰雹的危害，所以采用遮阴网于露地育苗，其苗龄一般为35～40天，可采用播种或直接穴种，苗期平均30天左右，从定植到采收需80～90天，冬性稍强，幼苗茎粗10 mm可接受低温影响，完成春化过程。

西兰花

二、西兰花的种植环境

1. 光 照

西兰花对光照的要求并不十分严格，但在生长过程中喜欢充足的光照，光照充足时，植株生长健壮，能形成强大的营养体，有利于光合作用和养分的积累，并使花球紧实致密，颜色鲜绿、品质好，盛夏阳光过强也不利于西兰花的生长发育。

2. 温　度

西兰花在5～20 ℃范围内，温度越高，生长发育越快，最适发芽温度为20～25 ℃，幼苗期的生长适温为15～20 ℃，具有很强的耐寒和耐热性，莲座期生长适温为20～22 ℃，花球发育适温为15～18 ℃，温度高于25 ℃时，花球品质易降低，但只要不受冻害，花球在5 ℃甚至以下的低温仍可缓慢生长。

3. 水　分

西兰花在整个生长过程中需水量较大，尤其是叶片旺盛生长和花球形成期更不能缺水，即使是短期干旱，也会降低产量。如果苗期多雨或土壤湿度过高则容易引起黑腐病、黑斑病等病害，花球形成期土壤湿度持水量70%～80%左右，才能满足生长需要。

4. 土　壤

西兰花对土壤条件要求不严格，但过于贫瘠则植株发育不良，产量品质低下，而土壤过分肥沃又会导致花蕾疏松和花苔空心。所以，西兰花适宜在排灌良好、耕层深厚、土质疏松肥沃、保水力强的壤土和沙质壤土上种植，土壤pH范围5.5～8，但以6为最佳。

三、西兰花的育苗技术

1. 品种选择

西兰花属于喜欢冷凉的蔬菜，选择植株生长势强，花蕾深绿色、焦蕾少、花球弧圆形、侧芽少、蕾小、花球大、抗病耐热、耐寒，适应性广的品种，如日本的优秀、龙绿、山水，其他的品种如玉冠、东方绿宝、万绿、绿秀等或根据市场需求来选择各类优质品种，但必须符合国家二级种子标准方可使用。

2. 播种时间

秋季双覆盖栽培于7月上旬播种，日光温室越冬栽培于7月下旬至8月播种，日光温室早春栽培于9月上旬至10月初播种，塑料大棚、小拱棚春早熟栽培于11月播种，春地膜栽培于1月播种。

3. 种子处理

（1）浸种：用33 ℃的温水浸种15分钟，并不停地搅拌，待水温降至20 ℃时停止，继续用温水浸泡4小时，用清水淘洗干净后催芽。

（2）催芽：将浸泡过的种子用湿润棉纱布包裹，在30 ℃的温度下进行催芽。每天用清水淘洗1次，待60%的种子露白时播种。

4. 育 苗

（1）苗床选择：西兰花苗期较短，苗床选择在地势高、排灌方便、土壤富含有机质、两年内没有种过十字花科蔬菜或前作是水稻的田块，苗床走向以南北向为宜。

（2）施足基肥：播种前15～20天深翻，播种前7～10天每亩施入三元复合肥15 kg加过磷酸钙5 kg或泼浇2 500 kg腐熟人粪尿，保证苗期养分的充分供应，翻掏耙碎土地，做宽1.2 m左右的播种床，秧田比为1∶20或1∶30。

（3）拌药播种：播前苗床浇一次透水，并施入1 000倍辛硫磷等药剂防治地下害虫，播种时，把处理过的种子与适量沙拌匀后均匀地撒播在苗床内，播后用铁铲进行"镇压"，再撒一层混有0.1%多菌灵、敌克松的药土。

（4）遮阳保温：夏季苗床平铺一层遮阳网后，搭好小拱棚，再覆盖一层遮阳网，进行双层遮阳保湿降温育苗，冬、春季用一层地膜和一层棚膜，进行双膜覆盖保温育苗。

5. 营养液育苗

营养液育苗是目前较好的一种育苗方式，具有成本低、管理方便、成苗率高、可集中供苗等特点，受到生产和加工企业的欢迎。

（1）基质：蛭石25%、泥炭65%、珍珠岩10%。

（2）基质堆制消毒：充分混合并均匀所有原料后，用50～100倍福尔马林（40%甲醛），均匀地喷洒于基质上，然后用塑料薄膜覆盖严实，密闭4～5天后，揭膜通风换气，并翻动营养土，使甲醛挥发出去，两周后即可使用，而且需要调节基质的pH到6.5～7，过酸可用石灰调整，过碱可用稀盐酸进一步中和。

（3）播种：在穴盘上装满基质，浇透水，后用专用的打穴机器挖好播种穴，用播种机把种子播到播种穴内，覆盖基质。

第二十三节　芹　菜

一、播种时间

南方地区，芹菜全年可栽培，但以春、秋、冬三季种植最佳。夏季炎热，生长缓慢，品质差。北方地区，以春、秋播种为宜。

二、播种方式

芹菜可采用芹菜种子直播，也可以育苗移栽。夏季播种，应对种子进行处理，方法是：先将种子用20～25 ℃的温水浸泡4～6小时，捞出后用纱布包好，悬挂到井底水面上空，或放进冰箱的冷藏室内，3～4天有大部分露白即可播种。一般采用撒播，播种后要覆盖遮阳网，出苗后及时揭去遮阳网。苗高15～18 cm，即可定植。

芹　菜

三、栽培容器

在阳台、天台、客厅或庭院种植芹菜，可选用的栽培容器有花盆、木盆，专业栽培箱、泡沫塑料箱等，耕层深度以15～20 cm为宜。

四、生长周期

芹菜的生长期比较长，从播种到采收需要3个月左右时间，一般在株高 40～50 cm即可分次拔取采收。

五、温度要求

芹菜喜冷凉气候，耐寒、耐阴、不耐热，不耐旱。生长适宜温度为 15～20 ℃，26 ℃以上生长不良，品质低劣。

六、光照要求

芹菜耐阴，出苗前需要覆盖遮阳网，后期需要充足的光照。

七、水分要求

芹菜属于浅根系蔬菜，耐旱力弱，蒸发量又大，需要湿润的土壤和空气 条件。

八、管理要点

芹菜对土壤的要求较严格，需要肥沃、疏松、通气性良好的土壤，整个生 长期要及时灌水追肥，以满足其生长的需要。夏季栽培，因蒸发量大，每天早 晚各浇一次水，施肥以氮肥为主。光照过强要有遮阳网挡阴。

第二十四节　扫帚菜

扫帚菜，藜科，地肤属，一年生草本植物，株直立，多分枝而紧凑；叶互生，线形，细密，绿色，秋后变暗红色；花小不显，肥水要求不严，管理粗放，耐修剪，耐碱土，耐炎热，抗干旱，自播能力极强，幼嫩茎可食用。

扫帚菜

一、形态特征

一年生草本，株高50～100 cm，茎直立，多分枝，整个植株外形为卵球形。叶披针形，长2～5 cm，宽3～7 mm；具3条主脉，茎部叶小，具1脉。花常1～3个簇生于叶腋，构成穗状圆锥花序。花被近球形，淡绿色，裂片三角形。胞果扁球形，果皮膜质，与种子离生。种子为黑色，具光泽。

二、生长习性

对气候、湿度要求不严，生长在原野、山林、荒地、田边、路旁、果园、庭院。

三、地理分布

扫帚菜，又名地肤，别名扫帚苗、铁扫帚、野菠菜，是藜科一年生草本植物。扫帚菜适应性强，我国分布广泛。

营养成分：扫帚菜每百克嫩茎叶含水分79 g，蛋白质5.2 g，脂肪0.8 g，碳水化合物8 g，胡萝卜素5.72 mg，维生素$B_1$0.15 mg，维生素$B_2$0.31 mg，烟酸1.6 mg，维生素C 39 mg。

作用功效：扫帚菜性味苦寒，具有清热解毒、利尿通淋的功效。治赤白痢、泄泻、热淋、目赤、雀盲、皮肤风热赤肿。《本草图经》载"主大肠泄泻，止赤白痢，和气，涩肠胃，解恶疮毒"。

使用价值：秋后砍下全株捆扎可用做扫帚。

第二十五节　韭　葱

　　韭葱（拉丁学名：Allium porrum）是百合科葱属多年生草本植物，又叫：扁葱、扁叶葱、洋蒜苗。鳞茎单生，外皮白色，膜质，实心，略对褶，花葶圆柱状，实心，伞形花序球状，无珠芽，密集花；花白色至淡紫色；花丝稍比花被片长，子房卵球状，花果期5～7月。韭葱原产欧洲中南部。欧洲在古希腊、古罗马时已有栽培，20世纪30年代传入中国，广西栽培时间较长，多代替蒜苗食用。

韭　葱

　　韭葱嫩苗、鳞茎、假茎和花薹，可炒食、做汤或做调料。韭葱抗寒、耐寒、生长势强。能经受38 ℃左右高温和-10 ℃低温。

一、形态特征

　　多年生草本。鳞茎单生，矩圆状卵形至近球状，有时基部具少数小鳞茎；鳞茎外皮白色，膜质，不破裂。

　　叶宽条形至条状披针形，实心，略对褶，背面呈龙骨状，基部宽1～5 cm或更宽，深绿色，常具白粉。花葶圆柱状，实心，高60～80 cm或更高，近中部被叶鞘；总苞单侧开裂，具长喙，早落。

伞形花序球状,无珠芽,具多而密集的花;小花梗近等长,比花被片长数倍,基部具小苞片;花白色至淡紫色;花被片近矩圆形,长4.5~5 mm,宽2~2.3 mm,先端钝,具短尖头,中脉绿色,外轮的背面沿中脉具细齿;花丝稍比花被片长,基部合生并与花被片贴生,两侧的下部具细齿,内轮的下部约2/3扩大成长方形,扩大部分与花被片近等宽,每侧各具1齿,齿端延长成卷曲的丝状,远比中间着药的花丝长,外轮无齿,下部稍扩大成狭长的条状三角形;子房卵球状,在中下部沿腹缝线具横向隆起的蜜腺(在标本上不易观察到);花柱伸出花被外。花果期为5~7月。

二、生长习性

韭葱耐寒、耐热性均较强,适宜生长在昼温为15~25 ℃,夜温为12~13 ℃的环境条件下。喜欢清凉湿润的气候,但耐旱、耐涝性较差。对土壤适应性广,沙土、黏土均可栽培。适宜在富含有机质、肥沃、疏松的土壤上栽培,土壤pH7.7的微碱性最好。韭葱可全年栽培,以春、秋两季种植为主。

三、用 途

韭葱是能产生肥嫩假茎(葱白)的两年生草本植物,又叫作扁葱、扁叶葱、洋蒜苗。嫩苗、鳞茎、假茎和花薹可炒食、做汤或做调料。

四、产地分布

韭葱原产欧洲中南部。欧洲在古希腊、古罗马时已有栽培,20世纪30年代传入中国,部分省区韭葱别名扁葱、海蒜、扁叶葱。

五、繁殖培育

有零星栽培,广西栽培时间较长,多代替蒜苗食用。根据韭葱的生长特点和需肥、需水规律,在栽培技术上需重点抓好以下几点:

1. 适期播种

韭葱生长期较长,为能在春节供应上市,并能给早春茬菜腾地,应适当早播。可在8月初播种,此时播种出苗快且齐,生长健壮。播前整平苗床,每667 m²施圈肥7 500~8 000 kg,浅耕6~9 cm,整细搂平,然后作畦,灌足底水。将种子放入清水中搅拌,捞出秕子,然后用60~65 ℃的温水浸泡40~60分钟,晾干后均匀地撒入苗床,覆0.5~1 cm厚的细土。

2. 适时移栽

当韭葱4～5片叶时，要适时移栽定植。定植前挖沟，沟深20～25 cm左右，栽前将基肥和土混合撒到沟内，每667 m²配合施用过磷酸钙15 kg。栽后浇水、覆土，以不埋心叶为宜。667 m²栽15 000棵左右，株距8 cm，行距55 cm。

3. 肥水管理

韭葱根系吸肥力弱，宜选有机质丰富、疏松的土壤栽培。韭葱定植时已是秋末冬初，气温、地温较低，缓苗较为缓慢，此时要少浇水，加强中耕保墒，促进根系发育，使之迅速缓苗。霜降后，天气日益冷凉，应及时扣棚。立冬以后，根系基本恢复，进入发棵盛期，对水肥的需要增加，要结合灌水进行第1次追肥，667 m²施有机肥1 000～1 500 kg，追尿素10～15 kg，配合施入复合肥20 kg，把肥撒在沟脊上，结合中耕与土混合锄于沟内。第2次追肥在假茎生长盛期。667 m²施尿素10 kg或腐熟人粪尿500～1 000 kg，并适量追加速效性氮肥，结合浇水进行。这一时期，灌水应掌握少浇勤浇的原则，经常保持土壤湿润，以满足假茎生长的需要。在韭葱生长后期，应视情况追加一定数量的尿素或叶面肥。

4. 中耕培土

培土是提高韭葱品质的一个重要措施。假茎的伸长主要依靠分生组织所分生的叶鞘细胞的延长生长，而叶鞘细胞的延长生长，要求黑暗、湿润的环境条件，并以营养物质的输入和储存为基础，所以在加强肥水管理的同时，还要求分期培土。缓苗后，结合中耕进行少量覆土，以后结合追肥和中耕锄草分3次培土，每次培土厚度均以培至最上叶片的出叶口为宜，切不可埋没心叶，以免影响韭葱生长。

5. 温、湿度管理

韭葱抗寒、耐热、生长势强，能经受38 ℃左右的高温和-10 ℃的低温，生长适宜温度为昼温18～22 ℃，夜温12～13 ℃。霜降以后，天气渐凉，应及时加盖草苫。草苫要早揭晚盖，阴天时也要将草苫揭开，可适当晚揭早盖。在晴好天气中午，棚内温度超过35 ℃时，可适当放风，当温度降到26 ℃以下时，关闭通风口。冬天棚内不可浇大水，防止棚内湿度过大，病害增多。棚内湿度大时，要选晴好天气上午8～9时放风排湿。

病虫害防治：韭葱常见的病害有霜霉病和灰霉病等，根据时间和环境条件，要积极搞好预防工作。发病时，霜霉病可用75%百菌清可湿性粉剂600倍液或64%杀毒矾可湿性粉剂500倍液进行防治；灰霉病可用80%多菌灵600倍液或50%速克灵1 000～1 500倍液进行防治。韭葱常见的虫害有斑潜蝇和葱蓟马，可用50%乐果乳油1 000倍液或50%辛硫磷乳油1 000倍液或1.8%阿巴丁2 000倍液进行防治。为保证韭葱采收质量，获取较高的栽培效益，一般应在春节前后采收。采收前半个月左右要浇一遍透水，以保证韭葱鲜嫩可口，采收前1周左右停止浇水。

六、采收与留种繁殖

1. 采 收

春播者10月份即可收获，可根据市场需要随时采收上市，也可冬储1～2个月上市。秋播者到次年3～4月陆续采收上市，也可在5月份采收花薹。一般亩产葱苗4 000～5 000 kg。采种者一般行秋播，幼苗越冬。入冬浇冻水覆盖越冬，3～4月抽花薹。抽薹后少浇水，花球形成时适当加大浇水量，开花后结合浇水追肥1次，以保持土壤潮湿，7月采收种子。

2. 留 种

春季播种的，在霜降后可随时采收上市，秋播的到第二年3～4月陆续上市。采收时可连根刨出，抖掉泥土，剔除病根、伤根，即可进行储藏。韭葱在0 ℃的低温，85%～95%的湿度下可储藏2～3个月，目前多采用窖藏。入窖前先在窖底浇水，等水渗下后，将捆好的韭葱根部朝下排放在窖内，把与把之间不要靠得太紧，否则叶片会发热变黄。夜间或遇寒流侵袭，可覆盖草帘防冻。如气温再下降，则揭开草帘，盖上湿土，随着气温的下降而加厚覆土层，这样可一直储藏到元旦或春节。

3. 播种育苗

以华北地区为例，春播在3～4月份，秋播在7月份进行，选择富含有机质的壤土，最好春季要向阳、避风的暖地，秋季要选择排水好、通风的田块。播种前10天左右结合整地，施入腐熟的有机肥，打细、耙平，在播种前2～3小时浇足底水，撒播或条播均可。播后立即覆盖0.8～1 cm厚的细土，也可在床面上覆盖湿草，以保持土壤湿润，防止苗床土面板结。

播种后7～9天即可出苗，苗期要注意除草、施肥、浇水、间苗。当幼苗长到3～4片真叶时，每亩追施尿素30 kg，以促进其生长。

4. 中耕除草

韭葱从幼苗到开花前要进行2～3次中耕，破除板结、疏松的土壤，减少蒸发，增加土壤的通气性，促进植物生长和根瘤菌的活动。除草可采取人工除草或药剂灭草。药剂灭草可选用的除草剂有20%拿捕净，每公顷用量1 005～1 500 mL；15%精稳杀得，每公顷用量750～900 mL；10.8%高效盖草能，每公顷用量375～450 mL；5%精禾草克（精克草能），每公顷用量750～900 mL；48%苯达松，每公顷用量3 750～4 500 mL，对水喷雾。

七、病虫害防治

韭葱常见的病害有霜霉病和灰霉病等，根据时间和环境条件，要积极搞好预防工作。发病时，霜霉病可用75%百菌清可湿性粉剂600倍液或64%杀毒矾可湿性粉剂500倍液进行防治；灰霉病可用80%多菌灵600倍液或50%速克灵1 000～1 500倍液进行防治。韭葱常见的虫害有斑潜蝇和葱蓟马，可用50%乐果乳油1 000倍液或50%辛硫磷乳油。

八、营养保健

韭葱的主要营养成分是蛋白质、糖类、维生素A（主要在绿色葱叶中含有）、食物纤维以及磷、铁、镁等矿物质等。

（1）韭葱像洋葱、大葱一样，含烯丙基硫醚。而烯丙基硫醚会刺激胃液的分泌，且有助于食欲的增进。同时与维生素B_1含量较多的食物一起摄取时，维生素B_1所含的淀粉及糖质会变为热量，具有清除疲劳的作用。

（2）韭葱叶部分要比韭葱白部分含有更多的维生素A、维生素C及钙。葱中含有相当多的维生素C，维生素C有舒张小血管、促进血液循环的作用，有助于防止血压升高所致的头晕，使大脑保持灵活和预防老年痴呆的作用。

（3）经常吃韭葱的人，即便脂多体胖，但胆固醇并不增高，而且体质强壮。韭葱含有微量元素硒，并可降低胃液内的亚硝酸盐含量，对预防胃癌及多种癌症有一定作用。

（4）韭葱含有具有刺激性气味的挥发油和辣素，能祛除腥膻等油腻厚味菜肴中的异味，产生特殊香气，并有较强的杀菌作用，可以刺激消化液的分泌，增进食欲。挥发性辣素还通过汗腺、呼吸道、泌尿系统排出时能轻微刺激相关腺体的分泌，而起到发汗、祛痰、利尿的作用，是治疗感冒的中药之一。

（5）韭葱还有降血脂、降血压、降血糖的作用，如果与蘑菇同食，则可以起到促进血液循环的作用。

第二十六节　小　葱

一、特征特性

株丛直立，株高30～45 cm，管状，叶绿色，长40 cm，葱白长10 cm左右，鳞茎不膨大，略粗于葱白。抗逆性强，四季常青不凋，香味浓厚。早春起身早，生长速度快。

小葱

二、栽培要点

四季均可播种，以春秋两季产量最高，每亩播种量为1 kg，育苗移栽的行株距15 cm×10 cm见方，每丛3～5株。

小葱为葱属百合科，是多年生草本植物葱的茎与叶，上部为青色葱叶，下部为白色葱白。葱原产于西伯利亚，我国栽培历史悠久，分布广泛，而以山东、河北、河南等省为重要产地。根据葱白的长短可分为两个类型，即大葱和小葱。大葱植株高大，葱白洁白而味甜，在北方栽培较多。葱是日常厨房里的必备之物，它不仅可做调味之品，而且能防治疫病，可谓佳蔬良药。多用于煎炒烹炸；南方多产小葱，是一种常用调料，又叫香葱，一般都是生食或拌凉菜用。

三、生长特点

在肥沃的田块种植均可。分葱和细香葱一般都采用分株繁殖。在温暖、半阴、凉爽、通风、湿润的环境中种植为宜。要求疏松、肥沃、富含腐殖质的偏酸性（黄土）的土壤，pH在5.5～6.5之间，不宜过干。开花期间尤需更多的水分。冬季进入休眠期，需水量不多，一般每隔4～5天浇水1次，宜在晴暖天中午前后进行。具体可视盆土干燥情况适量浇水。3月间，发根萌芽，需水量随之增加。稍迟，浇水量应少。一般每隔两天在上午适量浇水1次。4～6月枝叶开始抽发，需水量较大，一般应在每天早晨或傍晚浇水1次。7～9月上旬高温干燥季节，早晚各浇水1次，水量不宜过多，并于中午在叶面和地面喷水，以保持湿润的环境。从9月中旬至11月，天气逐渐转凉，为适应期，为防抽出秋梢，增强越冬抗寒力，浇水量应适量减少。一般隔日清晨浇水1次，保持湿润即可。比较喜肥，一般采用掺水浇灌，室内只要有一定的光照和通风条件，一般不必加温。北方冬季极为寒冷、干燥，用中温（15℃左右）温室栽培为宜。室外场地，夏秋使用，以泥地为好，忌水泥地。场地要宽敞、通风和阴凉，要搭建阴棚，遮以芦帘或借用天然林荫的庇护，透光率30%左右为宜，切忌夕晒。忌用碱性或黏性土壤。适宜生长温度是12～25℃，夏天要遮阳防晒，冬天要防冻保暖。

四、种　植

长江流域小葱一般是3～4月播种，6～7月收获；也可在9～10月播种，第二年4～5月收获。这期间以没有长成的幼秧供应市场，食嫩叶为主。宜选地势平坦、排水良好、土壤肥沃的田块种植，无论沙壤、黏壤土均可，对土壤酸碱度要求不严，微酸到微碱性均可。但不宜多年连作，也不宜与其他葱蒜类蔬菜接茬，一般种植1～2年后，需换地重栽。选择好地块后随即耕翻，一般每亩施入腐熟厩肥或粪肥2 500～3 500 kg，外加磷、钾化肥30～35 kg，或复合肥40 kg。施后耕耙做畦，畦宽2 m左右，畦沟宽40 cm，深15～25 cm，做到"三沟"配套，能灌能排。

分株栽植在植株当年已发生较多分蘖、平均气温在20℃左右进行为宜，长江流域一般均在4～5月和9～10月两个时期，具体依当地气温而定。栽前将留种田中的母株丛崛起，剪齐根须，用手将株丛掰开。栽植行株距分葱较大，细香葱较小。一般分葱行距为23 cm，穴距20 cm，每穴栽分蘖苗2～3株，栽深4～5 cm；细香葱行距10 cm，穴距8 cm，每穴栽分蘖苗2～3株，栽深3～4 cm。栽后浇足水，细香葱有时也结少量种子，可用于播种繁殖。栽植成活后浅锄，清除杂草；追肥为10%腐熟稀粪水或0.5%尿素稀肥水，亩浇施1 000～1 500 kg。由于葱类根系分布较浅，吸收力较弱，故不耐浓肥，不耐旱、涝，与杂草竞争力较差，必须小水勤浇，保持土壤湿润，并注意多雨天气要及时排除积水。栽植成活后开始分蘖，分蘖上可再抽生二次分蘖。一般在栽后2～3个月株丛已较繁茂，即可采收。如暂不采收，也可留田继续生长，陆续采收到冬季。或对每一株丛拔收一部分分蘖，留下一部分继续培肥管理，待生长繁茂后再收。

第二十七节　香　菜

一、种植历史

香菜，又名芫荽，最早叫胡荽，原产地为地中海沿岸及中亚地区，据《博物志》记载"张骞侦西域还，得大蒜……胡荽"种子归，故名胡荽。但《博物志》各版本记载不一，且与多种史书的记载相互矛盾，并不可靠。由此有人考证，胡荽的传入实际上是在张骞之后。不过，胡荽作为一种蔬菜，至少在南北朝时，可以肯定已经得到了广泛种植。因为在《齐民要术》里，已经记载了颇为详尽的种植胡荽以及制作腌芫荽的方法。芫荽汉代本称葰荽，乃茎叶布散之貌，故种植历史在西汉。到了后赵时，石勒做皇帝，讳胡，故晋汾人呼胡荽为"香荽"故晋地俗传为香菜之名，河南等地叫之芫荽，而南方仍称胡荽或香菜。

香　菜

香菜是一种重要的食用蔬菜，今天中国各地均在栽培，以华北地区最多。

二、生长环境

香菜属耐寒性蔬菜，要求较冷凉湿润的环境条件，在高温、干旱条件下生长不良。香菜属于低温、长日照植物。一般条件下幼苗在2～5℃低温下，经过10～20天，可完成春化。以后在长日照条件下，通过光周期而抽薹。香菜为浅根系蔬菜，吸收能力弱，所以，对土壤水分和养分要求均较严格，保水保肥力强，有机质丰富的土壤最适宜生长。对土壤酸碱度适应范围为pH6.0～7.6。

三、形态特征

一年生或两年生草本植物，高30～100 cm。全株无毛，有强烈香气。根细长，有多数纤细的支根。茎直立，多分枝，有条纹。基生叶一至二回羽状全列，叶柄长2～8 cm；羽片广卵形或扇形半裂，长1～2 cm，宽1～1.5 cm，边缘有钝锯齿、缺刻或深裂；上部茎生叶三回至多回羽状分裂，末回裂片狭线形，长5～15 mm，宽0.5～1.5 mm，先端钝，全缘。伞形花序顶生或与叶对生，花序梗长2～8 cm；无总苞；伞辐3～8；小总苞片2～5，线形，全缘；小伞形花序有花3～10，花白色或带淡紫色，萼齿通常大小不等，卵状三角形或长卵形；花瓣倒卵形，长1～1.2 mm，宽约1 mm，先端有内凹的小舌片；辐射瓣通常全缘，有3～5脉；药柱于果成熟时向外反曲。果实近球形，直径约1.5 mm。背面主棱及相邻的次棱明显，胚乳腹面内凹，油管不明显，或有1个位于次棱下方。花果期4～11月。其品质以色泽青绿，香气浓郁，质地脆嫩，无黄叶、烂叶者为佳。

四、药用、植物栽培

生物学特性具有抗寒性强，生长期短，栽培容易等特性。从播种到收获，生长期60～90天，在我国各地不同的自然条件均可栽培。一般要求阳光充足，雨水充沛，土壤肥沃，疏松的石灰性沙质壤土上栽培。对磷肥的反应最为敏感，磷肥可提高各子精油的含量。在结实期间切忌天气干旱，要求土壤湿润。

用种子繁殖。华北地区在7～8月播种，10月前收获，南方温暖地区于10～11月播种，翌年春季收获。撒播、条播均可，每1公顷播种量22.5～27 kg。播前先将果实搓磨一下，以利种子接触土壤，吸收水分，促进发芽。播时不宜灌水，经4～5天后再灌水，约5～9天即可发芽。管理苗高5～8 cm时，进行间苗，株距10～15 cm，并追施肥料和灌水1～3次。

香菜种子在高温下发芽困难。将种子用1%高锰酸钾液和新高脂膜浸种，驱避地下病虫，隔离病毒感染，加强呼吸强度，提高种子发芽率。香菜播种一般以撒播为宜，播后浇透水，覆盖稻草保墒促出苗。并喷施新高脂膜，提高抗自然灾害的能力，提高光合作用的强度，保护幼苗的苗壮成长。香菜因生长期短，宜早除草，早间苗，早追速效性氮肥。

不论是夏香菜，还是秋香菜，在播种之前，把地整平耙细的基础上，必须把香菜种子处理好，把香菜种子放到簸箕中，把香菜种子搓开，这样不但增加株数，而且出苗率高。搓好后，用暖水泡2天，然后种到地上，埋严土，浇好水，上盖塑料薄膜或草帘子。如果干旱时，常浇水，既保温度，又保湿度，这样会早生芽，早出苗。经实践证明，用这种方法播种香菜，比老的种法，可提前出苗15天。

采收和储藏：春季采收，洗净，晒干后储藏。

五、医药价值

1. 功　效

发表透疹、消食开胃、止痛解毒。

2. 主　治

风寒感冒、麻疹；痘疹透发不畅、积食、脘腹胀痛、呕恶、头痛、牙痛、脱肛、丹毒、疮肿初起、蛇伤等。

3. 药用禁忌

痘疹已透，或虽未透出而热毒壅滞，非风寒外感者忌服。

4. 相关人群

一般人群均可食用。

（1）患风寒外感者、脱肛及食欲不振者，小儿出麻疹者尤其适合。

（2）但患口臭、狐臭、严重龋齿、胃溃疡、生疮者少吃香菜；另外香菜性温，麻疹已透或虽未透出而热毒壅滞者不宜食用。

5. 食物相克

服用补药和中药白术、丹皮时，不宜服用香菜，以免降低补药的疗效。

6. 制作指导

（1）香菜是重要的香辛菜，爽口开胃，做汤可以添加。

（2）不要食用腐烂、发黄的香菜，因为这样的香菜已经没有了香气，根本没有上述作用，而且可能会产生毒素。

烹调用途：为食用香料。鲜叶初碎，为增加香味及美观的调料，为中国菜常用，亦可做凉菜、面、汤和调料及去鱼腥味。种子粉末为欧洲人常用之调料，是"咖喱粉"的原料之一。

7. 食疗作用

香菜辛、温，归肺、脾经；具有发汗透疹，消食下气，醒脾和中的功效；主治麻疹初期，透出不畅及食物积滞、胃口不开、脱肛等病症。

第二十八节　紫根韭菜

一、特征特性

该品种株高50 cm以上，株丛直立。植株生长迅速，长势强壮。叶鞘粗而长，叶片绿色，长而宽厚，叶宽1 cm左右，最大单株重可达40 g以上。分蘖力强，抗病，耐热，粗纤维少，营养价值高，商品性好，易销售。抗寒力较强，产量高，效益好，适应性广泛，在我国各地均可播种。

紫根韭菜

二、栽培要点

适时播种，当日平均稳定在12 ℃时即可播种。气温30 ℃以上播种发芽率低或不发芽，可采用宽幅深沟播种，播幅15 cm，每幅间隔20 cm，沟深1.5 cm左右，出苗期间，要始终保持土壤湿润，亩用种2 500～3 000 g。